탁월한 리더의 성공원칙 21

탁월한 리더의 성공원칙 21

존 맥스웰 지음 | 전형철 옮김

청우

The 21 Indispensable Qualities of a Leader

Copyright ⓒ 1999 by Maxwell motivation, inc., a Georgia Corporation
Originally published in English under the title
The 21 Indispensable Qualities of a Leader
by Thomas nelson, Inc.
Nashville, Tennessee, 37214, U.S.A
All rights reserved.
Used by permission through the arrangement of
Korean Christian Book Service, Seoul, Korea.

Korean Copyright ⓒ 2000 Chungwoo Publishing Co., Seoul, korea.

이 책의 한국어판 저작권은 KCBS, Inc.를 통하여
Thomas nelson 출판사와 독점 계약한 도서출판 청우에 있습니다.
저작권법에 의하여 한국 내에서 보호를 받는 저작물이므로
무단 전재와 복제를 금합니다.

만 왕의 왕이요, 만 군의 주이신
예수 그리스도께 이 책을 바칩니다.

차 례

1장 성품

"바위처럼 되어라."
23

결코 '평화와 고요를 위해서'
자신의 경험이나 확신을 부인하지 말라.
- 다그 함마스크 욜드, 정치가 노벨 평화상 수상자

2장 카리스마

"첫인상이 결정한다."
33

어떻게 하면 카리스마를 얻을 수 있는가?
타인으로 하여금 당신을 좋은 사람이라고 느끼게 하는 것보다
그들 자신에 대해 좋은 생각을 하도록 힘써라.
- 댄 레일랜드, INJOY, 리더십 개발 담당 부사장

3장 헌신

"헌신은 사람들을 꿈꾸는 사람과
실천하는 사람으로 나눈다."
43

자기의 시간에 최선을 다 해 온 사람은 모든 시대를 산 사람이다.
- 죠안 폰 쉴러, 극작가

4장 의사 전달

"의사 전달이 되지 않는다면, 당신은 늘 혼자 일 것이다."
55

뛰어난 의사 전달 방법의 개발은 유능한 리더십에 있어서
절대 절명의 것이다. 리더는 자신의 생각과 아이디어가
다른 사람에게 긴박감과 함께 열정을 줄 수 있어야 한다.
- 길버트 아멜리오, National Semiconductor Corp 회장

5장 능력

"능력을 키워라. 그러면 사람들이 몰려올 것이다."
66

배수관 일이 천하다고 생각해 그 기술을 우습게 여기고,
철학은 승화된 행위이니 사회에 뒤쳐지는 것을 용인하는 사회라면,
결코 훌륭한 배관공도, 뛰어난 철학자도 배출해 내지 못할 것이다.
그런 사회는 아무 것도 이룰 수 없다.

6장 용기

"용기 있는 자는 소수가 아닌 다수다."
77

용기는 인간이 지닌 첫 번째 자질로 올바르게 평가되어야 한다.
왜냐하면 다른 모든 것들을 보증하는 자질이기 때문이다.
- 윈스턴 처칠, 영국 수상

7장 통찰력

"풀리지 않는 미스테리를 밝힌다."
89

구멍의 첫 번째 규칙 - 당신이 구멍 안에 있다면,
파는 것을 멈춰라.
- 몰리 이빈즈, 컬럼리스트

8장 초점

"노력하면 노력할수록, 우리도 예리해진다."
99

사람들이 말하는 것과 사람들이 하는 것,
그리고 그들이 한다고 말하는 것은 전혀 별개의 것이다.
- 마가렛 미드, 인류학자

9장 관대함

"초가 다 타더라도 다른 것을 밝히고 있다면,
결코 초를 잃은 것이 아니다."
109

자신이 받은 것으로 영예를 입은 사람은 아무도 없다.
영예는 자기가 준 것에 대한 상이기 때문이다.
- 캘빈 쿨리지, 미국 대통령

10장 솔선

"이것이 없이는 절대 현재의 안락함을 떠날 수 없다."
121

성공은 행동과 연결되어 있다. 성공한 사람들은 계속해서 움직인다.
그들은 실패하지만, 결코 포기하지 않는다.
- 콘래드 힐튼, 호텔 경영자

11장 경청하는 자세

"듣는 것이란 귀를 이용하여
다른 사람들의 마음과 소통하는 것이다."
133

리더의 귀에는 반드시 사람들의 목소리가 들려야 한다.
- 우드로 윌슨, 미 대통령

12장 열정

"삶에 열정을 품고 그것을 사랑하라."
144

리더가 열정을 갖고 손을 뻗칠 때,
언제나 응답하는 열정을 만나게 된다.
- 존 맥스웰

13장 긍정적인 태도

"할 수 있다고 믿으면, 할 수 있다."
154

성공하는 사람이란 남들이 자신에게 던지는 벽돌로
튼튼한 기초를 쌓는 사람이다.
- 데이빗 브링클리, TV컬럼리스트

14장 문제 해결

"절대 문제를 문제로 만들지 말라."
165

성공의 척도는 '어려운 문제를 다루고 있다.' 가 아닌
'작년과 동일한 문제를 다루고 있다' 로 정해진다.
- 쟌 포스터델즈, 전 국무장관

15장 관계

"만일 홀로 모든 것을 취한다면,
모두 함께 그대를 홀로 두고 떠날 것이다."
177

성공 공식에 있어서, 가장 중요한 요소는
사람들과 어울리는 방법을 아는 것이다.
- 테오도르 루즈벨트, 미 대통령

16장 책임감

"임무를 수행하지 못한다면 팀을 이끌 수 없다."
188

어느 분야 건 책임을 요구한다. 분석 결과, 모든 성공한 사람들이 갖는
공통된 한 가지 자질은 책임을 이행하는 능력이었다.
- 마이클 코다, 사이먼&슈수터 편집장

17장 안정

"역량은 결코 불안을 책임질 수 없다."
198

오로지 홀로 해 내려 하거나, 또 그렇게 함으로써
모든 명성을 혼자 받기 원한다면, 결코 위대한 리더가 될 수 없다.
- 앤드류 카네기, 사업가

18장 자기 단련

"가장 먼저 이끌어야 할 사람은 바로 자신이다."
208

가장 우선 되어야 하는 승리는 자신을 정복하는 것이다.
- 플라톤, 철학자

19장 섬김

"머리가 되려거든, 남을 우선으로 하라."
219

진정한 리더는 섬긴다.
사람들을 섬기며, 그들이 갖는 최고의 관심을 위해 섬긴다.
그렇게 하는 것은 인기를 얻지못할 수도 있으며, 깊은 인상을 주지 못할
수도 있다. 하지만, 참된 리더들은 개인의 영예에 대한 욕망보다는
사랑어린 관심으로 동기 부여가 되어 있기 때문에, 기꺼이 값을 치른다.

20장 배우려는 자세

"계속 이끌기 위해서는 계속 배워야 한다."
229

말하는 것보다 듣고 책 읽는 것에 10배 정도 가치를 부여하라.
계속해서 배우고 발전하는 과정에 있다는 확신을 갖게 될 것이다.
- 제럴드 맥기니스, Resporonics, Inc 회장

21장 비전

"오직 볼 수 있는 것만을 잡을 수 있다."
240

자신의 비전을 성취하는 위대한 리더의 용기란
위치가 아닌 열정에서 오는 것이다.
- 존 맥스웰

서 문

 사람들이 리더를 따르는 이유는 무엇일까? 왜 어떤 리더는 사람들이 꺼려하고, 어떤 리더는 열성을 다해 세상 끝까지라도 따르려는 것일까? 리더십에 해박한 이론가와 실제 현장에서 리더로 성공한 사람 간의 차이는 무엇일까? 그 대답은 각 개인의 성품과 자질에 놓여 있다.

 사람들을 이끌며 일을 벌이는 그런 위대한 리더로 만드는 무엇인가가 자신에게 있다고 생각하는가? 다시 말해 다른 사람과는 결코 나눌 수 없는 엄청난 꿈을 실현하는 데 필요한 자질을 자신의 내면 속에서 발견할 수 있는가?

 진정한 잠재력을 발휘하기 원한다면, 용기를 갖고 솔직하게 이 질문을 자신에게 묻고 답해야만 할 것이다.

 이 책의 목적은 사람들이 따르기 원하는 진정한 리더가 되기 위한 성품과 자질을 인식하고 개발할 수 있도록 당신을 다듬게 하는 데 있다. 만일 〈리더십의 21가지 불변의 법칙(청우 출판사)〉를 보았다면, 리더가 되는데 시간이 걸린다는 사실을 알고 있을 것이다.

과정의 법칙은 리더십이 매일 매일 커 가는 것이지, 하루 아침에 달성하지 않는다고 말하고 있다. 리더로 발전해 가는 과정 중 일부는 리더십의 법칙을 배우는 데 있다. 그것은 리더십이 어떻게 작용하는 지를 가르쳐 주는 도구이기 때문이다. 하지만 리더십을 이해하는 것과 실제로 행하는 것은 별개의 것이다.

최근 나는 빌 프리맨이라는 친구를 만났다. 그는 왓킨즈 트럭킹의 회장이자 CEO(최고경영자)로, 그의 회사는 미국에서 가장 큰 트럭 운송업체다. 빌은 탁월한 경영자로서, 모든 훌륭한 리더가 그렇듯 끊임없이 배우고 성장하려 한다.

"나는 자네의 책을 반쯤 읽었네."

〈리더십의 21가지 불변의 법칙〉을 말하는 것이다.

"상당히 충격적이더군."

그리고는 나에게 정말로 충격을 주는 한 마디를 건넸다.

"내가 어떻게 이 책을 읽어 나가는 지 말해주지. 매일 아침마다 한 장씩 읽지. 그리고 하루 종일 그 법칙에 대해 생각한다네. 그리고, 일하는 동안 나를 바라보며 '어떻게 리더십의 법칙을 지킬 수 있을까? 질문한다네. 사무실에 있는 사람들을 보며 그들이 그 법칙을 행하고 있는 지 살펴본다네. 관찰하고 평가하고 깊이 생각하며 회사 전체를 그 법칙으로 재어 보는 것이지. 매일 아침마다 다른 법칙으로, 나의 눈을 열어 주는 것일세."

빌은 나에게 활력을 불어넣어 주었다. 그리고 그의 말은 바로 이 책을 쓰도록 나에게 기운을 북돋아 주었다. 그는 리더십 개발을 안에서 밖으로 전개하고 있다. 리더들이 유능한 이유는 내부에 있는 됨됨이 때문이다. 리더십 최고의 경지에 오르기 위해서는 내부로부터 바깥으로 이러한 장점을 발전시켜 나가야만 하는 것이다.

빌과 이야기를 나눈 뒤, 나는 시간을 내어 내가 알고 있는 최고의 리더들, 사람들이 따르고 싶어하는 리더들의 특성을 살펴보며 공통적인 주제를 찾았다. 다른 리더들과 이야기를 나누며, 그들이 받은 느낌을 들었다. 그리고, 역사에 영향을 준 리더들을 조사하였다. 모든 위대한 리더들이 갖고 있던 21가지의 자질을 하나 하나 기록하였다. 이 책은 그러한 장점을 기술하고 예증한 책으로, 〈리더십의 21가지 불변의 법칙〉을 보완하는 동반자적인 의미를 갖고 있다. 이 책을 펼치는 순간, 한번에 서너 장(章)씩 쉽게 읽어 나갈 수 있을 것이다. 어쩌면, 앉은 자리에서 모두 읽어 치울 수도 있을 것이다. 하지만, 절대로 그렇게 하지 말라. 〈파워 리더십〉은 빌 프리맨이 택했던 방법을 따르도록 고안된 책이다.

필자는 여러분이 한동안 이 책을 바로 곁에 두며 생활하기를 간절히 바란다. 한 장을 읽고 나면, 어느 정도 시간을 두고 생각하라. 이 책은 깊이 생각하고, 다시 보고, 새롭게 하면서 활용해야 할 것이다. 읽은 내용이 자신에게 부족한 부분이라면, 다음 장으로 넘어 가기 전, 시간을 내어 그것에 대해 논의하는 시간을 가져라. 각 장점들을 자신의 성품에 심어 가다가, 이런 과정을 서너 차례 계속 되풀이해 결국 이 책을 다 읽는 데 일년 정도의 시간을 보내는 독자도 있을 것이다.

리더십에 있어서 모든 것은 유동적이다. 그러나, 진정 바뀌지 않는 것이 있다면, 리더십이 안에서부터 발전한다는 사실이다. 내부로부터 리더의 자질을 키울 수 있다면, 그것은 바깥으로 표출되어 자신이 원하는 리더가 될 수 있으며 결국 사람들은 여러분을 따르고 싶어 할 것이다. 그렇게 될 때, 여러분은 세상의 어떤 것과도 맞설 수 있게 될 것이다.

JOHN C. MAXWELL

진정한 리더는 섬긴다.
사람들을 섬기며, 그들이 갖는 최고의 관심을 위해 섬긴다.
그렇게 하는 것은 인기를 얻지못할 수도 있으며,
깊은 인상을 주지 못할 수도 있다.
하지만, 참된 리더들은 개인의 영예에 대한 욕망보다는
사랑어린 관심으로 동기 부여가 되어 있기 때문에,
기꺼이 값을 치른다.

01

성품
"바위처럼 되어라"

리더십이란 사람들을 하나의 공통된 목표에 규합시키는
능력과 의지, 그리고 신뢰감을 심어주는 성품(Character)을 말한다.
- 버나드 몽고메리, 2차 대전 영국 야전군 총 사령관

결코 '평화와 고요를 위해서' 자신의 경험이나 확신을 부인하지 말라.
- 다그 함마스크욜드, 정치가 노벨 평화상 수상자

정직과 성실로 승부한다

여행 중에 작은 공항들을 통과하거나, 기업체의 항공기를 타 본 경험이 많이 있는 사람이라면, 적어도 한 번쯤은 리어(Lear) 제트기를 타 보았거나 본 적이 있을 것이다. 필자도 한 두 번 그 비행기를 타 볼 기회가 있었는데, 정말 대

단한 경험이었다. 이 제트기들은 작지만 - 한번에 대여섯 명 정도 탑승이 가능하다 - 상당히 빠르다. 그것은 마치 제트 엔진이 달린 좁다란 관에 올라가는 것 같았다.

이 제트기에 대해 꼭 해야 될 말이 있다면, 그것은 탑승 자체가 처음부터 끝까지 너무나 유쾌하다는 것이다. 그 중에서도 나에게 있어서 가장 경이로웠던 것은 제트기가 절약해준 시간이었다. 항상 수백만 마일을 여행하고 다니는 나는 공항까지 멀리 차를 타고 가는 일을 비롯해, 렌트카 업소, 공항 셔틀버스 정류장, 북적대는 터미널, 그리고 도무지 사라질 것 같지 않은 시간의 지연(delay)에 이미 익숙해진 지 오래다. 물론 가끔은 악몽이 될 수도 있다. 하지만 리어 제트기는 이러한 여행 시간을 쉽사리 반으로 줄일 수 있다.

이 놀라운 비행기의 아버지는 바로 빌 리어(Bill Lear)라는 사람이다. 발명가이자 항공기 조종사이며 기업의 총수인 그는 150개 이상의 특허를 갖고 있다. 그 중에는 자동 항공 조정 장치, 카 라디오, 8개의 테이프를 돌려가며 들을 수 있는 트랙 등이 있다(누구도 그의 발명품을 쉽게 앞지를 순 없을 것이다). 선구자적 사고를 하던 그는 1950년대에 이미 업무용 소형 제트기 제조에 대한 가능성을 내다보고 있었다. 그의 꿈이 실현되기까지는 수년의 세월이 흘러야 했다. 마침내 1963년 첫 시험 비행을 한 뒤, 이듬해 첫 완제품을 고객에게 선보이게 되었다.

순식간에 많은 비행기들이 팔렸고, 그는 빠르게 성공했다. 그러나, 얼마 있지 않아 그가 만든 비행기 중 2대가 의문 속에 추락하자 그는 큰 충격과 함께 좌절감에 빠졌다. 그때까지 모두 55대의 비행기가 개인에게 팔려 있었다. 그는 즉각 전 고객에게 추락한 2대의 사고 원인을 규명하기 전까지 비행하지 말라고 전했다.

추락한 비행기를 조사한 결과, 그는 한 가지 사고 요인을 발견하였다. 하지만, 땅에서는 확인할 수 없는 것이었다. 그의 진단이 맞는 것인가를 확인할 수 있는 방법은 오직 하나, 공중에서 직접 그 추락 상황을 재연해 보는 것이었다.

위험한 과정이었지만, 그는 시도했다. 비행기를 이륙시키고, 비행기가 중심을 잃는 상태에 빠지면서 그는 앞서 추락한 두 조종사와 똑같은 운명을 맞이할 뻔하였다. 가까스로 시험을 마친 그는 결함을 찾아낼 수 있었고, 새 부품을 만들어 문제를 해결한 뒤 55대의 비행기에 그것을 장착시켜 위험 요소를 제거하였다.

문제를 해결하기 전까지 55대의 비행기들을 비행장에 묶어 놓게 한 일은 리어에게 많은 비용을 치르게 하였다. 더구나 이 일은 잠재 고객에게 제품에 대한 의구심을 심어 놓았다. 그 여파로 그가 다시 사업을 궤도에 올리기까지는 2년이라는 세월이 필요했다. 하지만, 그는 한번도 자신의 결정을 후회하지 않았다. 의문의 추락 사건을 해결하기 위해 자신의 성공과 부, 그리고 심지어 목숨까지 걸 정도로 그는 자신의 정직과 성실함을 굳게 지키려 하였다. 바로 이것이 성품인 것이다.

성품 만들기

자신의 삶에 어떠한 방식으로 대처해 왔는가는 바로 지도자의 성품을 말해 주는 것이다. 위기가 반드시 성품을 형성한다고 할 수는 없지만, 성품을 드러내는 것만큼은 분명하다.

역경은 성품과 타협이 만나는 교차로로, 인생은 언제나 그 중 하나를 선택해야만 한다. 매번 성품을 선택한다면,

비록 그 결과가 부정적이라 할지라도, 그 인생은 더욱 강하게 된다. 노벨상 수상자인 작가 솔제니친의 말처럼 말이다.

"세상에 우리가 존재하는 의미는, 우리가 늘 생각했던 것과는 달리 부자가 아닌 자신의 영혼을 발전시키는 데 있다."

성품의 발전이란, 지도자가 아닌 한 인간으로서 각 개인이 발전하는 데 그 핵심인 것이다. 그렇다면 성품에 대해 모두가 알아야 할 것은 무엇인가?

1. 성품이란 말로 되는 것이 아니다.

누구나 자신이 정직하고 성실하다고 말할 수 있을 것이다. 그러나 그 성품을 드러내는 것은 행동이다. 성품은 우리가 누구인가를 결정한다. 그리고 그것은 우리가 볼 것을 결정한다. 그리고, 우리가 볼 것은 우리가 할 것을 결정한다. 바로 이 때문에 지도자의 성품은 그의 행동과 분리될 수 없는 것이다. 만일 지도자의 행동이 자신의 의도하는 바와 계속해서 충돌한다면, 왜 그런지 그의 성품을 알아보아야 할 것이다.

2. 재능은 선물이지만, 성품은 선택이다.

평생에 걸쳐 우리의 맘대로 할 수 없는 일들은 너무나 많다. 부모를 선택할 수 없으며, 태어난 장소나 환경, 그리고 양육 방법도 고를 수 없다. 그렇다고 우리의 재능이나 IQ를 원하는 대로 얻을 수 있는 것도 아니다. 그러나 성품은 선택할 수 있다. 실제로, 우리가 선택을 하는 매순간마다 우리는 성품을 만들어 가고 있는 것이다. 어려운 상황에 당당히 맞설 것인지, 아니면 도망칠 것인지, 진리를 왜곡할 것인지, 아니면 그 무게를 지탱해 나갈 것인지, 그저 손쉬운 돈벌이만 찾아다닐 것인지, 아니면 정당한 대가를 치르며 살아갈 것인지…. 오늘도 우리는 선택을 하고 있으며, 계속해서 우리의 성품을 만들어 가고 있다.

3. 성품은 대인 관계에 변함없는 성공을 가져다준다.

진정한 리더십은 언제나 타인을 염두에 둔다(리더십에 관련된 격언처럼, 혼자만 앞장서 나가고 아무도 따르지 않는다면, 결국 그 길을 걷는 사람은 자기 밖에 없는 것이다). 리더의 성품에 결함이 있다는 것을 알게 될 때, 사람들은 리더를 신뢰하지 않으며, 더 이상 따르지 않게 된다.

4. 자신의 성품이 갖고 있는 한계를 뛰어 넘을 수 있는 사람은 없다.

탁월한 재능을 갖고 있는 사람들이 성공을 거둔 뒤, 갑작스럽게 곤두박질하듯 아래도 떨어지는 것을 본 적 있는가?

이러한 현상을 쥐고 있는 열쇠는 바로 성품이다. '성공증후군(The Success Syndrome)'의 저자이자 하버드 의대 심리학자인 스티븐 버글래스는, 엄청난 성취감을 얻었다 하더라도 그것을 지탱할 기본적인 성품이 없다면 파멸로 향하게 된다고 말하고 있다. 그는 그러한 사람들이 다음의 네 가지의 'A' 중 적어도 하나 이상에 빠져들게 된다고 믿고있다. - Arrogance(거만), painful feeling of Aloneness(외로움의 고통), destructive Adventure-Seeking(파괴적인 모험 추구), Adultery(간음). 이 네 가지는 약한 성품을 갖고 있는 사람들에게는 언제나 턱없이 비싼 대가를 요구하고 있다.

점검표

만일 당신이 버글래스가 규정한 네 가지 'A'에 해당한다면, '작전시간(Time-out)'을 요청하라. 성공이 가져오는 스트레스로부터 벗어나기 위해서 반드시 해야될 것을 행하라. 그리고 전문가의 도움을 청하라. 현재 자신이 처한 시련은 결코 시간이나 돈 또는 더 많은 명성으로 지나갈 수 없다는 것을 잊어서는 안될 것이다. 아무도 모르는 성품의 균열은 시간이 흐를수록 그 깊이가 더해가며 더 파괴적으로 변한다.

설사 이 네 가지로 인해 고통받고 있지 않다 할지라도, 계속해서 자신의 성품을 점검해야만 할 것이다. 자신의 말과 행동이 일치하는 지 항상 스스로 물어 보라. 과업을 마치겠다고 말할 때, 언제나 끝까지 충실하게 행했는가? 자녀들에게 학예회나 운동 경기에 함께 간다고 했을 때, 정말로 그 곳에 함께 있었는가? 당신의 약속을 사람들이 진정한 약속으로 믿고 있는가?

가정에서나, 직장에서나, 모임에서 사람들을 이끌 때, 성품이 우리의 가장 중요한 자산이라는 것을 잊지 말아야 할 것이다. 미드 파크(Mid Park, Inc)사의 알랜 버나드 회장은 성품에 대해 이같이 말하고 있다.

"리더십이 반드시 갖추어야 할 존경심, 그것은 개인의

윤리적 삶을 필요로 한다. 리더는 옳고 그른 것의 경계선, 그 위에 있어야 할 뿐 아니라, 또한 '회색 지대'가 없는 투명한 삶을 살아야만 한다."

실천 사항

- **균열을 찾아라.** 잠시 시간을 내어, 우리 삶의 주된 영역(직장, 결혼생활, 가정, 봉사 등)을 돌아보며, 정도가 아닌 지름길을 택하고, 적당히 타협하고, 사람들을 저버린 적은 없는가 살펴 보라. 지난 2개월 동안 기억나는 그러한 일들을 모두 적어 보라.

- **패턴을 찾아라.** 기록한 것을 자세히 검토해 보라. 그 중 특히 약한 부분이 있지 않은가? 계속해서 떠오르는 문제의 패턴이 있지는 않은가? 감지된 패턴은 성품에 관한 문제를 진단하는데 도움을 준다.

- **당당하게 받아들여라.** 성품의 회복은 우리의 결점을 인정하고, 사과하며, 행동에 대해 책임을 질 때 시작될 수

있다. 과거의 행동으로 인해 사과해야 할 사람들의 명단을 만들라. 그리고 그들에게 진심으로 사과하라.

 - 다시 세워라. 새로운 미래를 세우는 것은 과거의 행동에 당당히 맞서는 것과는 별개의 것이다. 무엇이든 약한 부분을 발견했다면, 똑같은 실수를 방지하기 위한 계획을 세워라.

어떤 남자가 어린 딸을 데리고 한 축제에 갔는데, 그 딸이 바로 한 노점으로 달려가더니, 솜사탕을 달라고 했다. 점원이 커다란 솜사탕을 건네주자, 아빠가 딸에게 이렇게 물었다.
"애야, 정말 이걸 다 먹을 수 있니?"
"아빠, 걱정 말아요. 보기보다 내 배가 얼마나 큰데요."
진정한 성품이란 바로 그런 것 - 겉으로 볼 수 없는, 그 안이 더 큰 것이다.

02

카리스마
"첫인상이 결정한다"

어떻게 하면 카리스마를 얻을 수 있는가?
타인으로 하여금 당신을 좋은 사람이라고 느끼게 하는 것보다
그들 자신에 대해 좋은 생각을 하도록 힘써라.
- 댄 레일랜드, INJOY, 리더십 개발 담당 부사장

영국에서 가장 똑똑한 사람

19세기 후반, 영국 정계는 두 명의 강력한 정치가가 주도권을 놓고 서로 경쟁하고 있었다. 윌리엄 그랫스톤과 벤쟈민 디스라엘리. 두 정치가는 강력한 라이벌이었다. 디스라엘리의 말을 들어보면 그들이 서로를 어떻게 느끼고 있었

는지 쉽게 알 수 있다.

"불행과 재앙의 차이를 알고 있습니까? 만일 글렛스톤이 템즈강(the Thames)에 빠진다면, 그것은 불행입니다. 하지만 누군가 그를 강에서 건져낸다면, 그것은 바로 재앙인 것입니다."

아직도 많은 사람들은 30년간 자유당의 당수였던 글랫스톤을 빅토리아 시대의 최고 성품을 지녔던 인물이라고 믿고 있다. 그는 많은 경험을 갖춘 대중의 종이었으며, 위대한 웅변가였고, 재정에 관한 달인이었으며, 도덕의 철인이었다. 그는 각기 다른 시기에 네 차례나 영국 수상으로 취임했으며, 이는 영국 역사상 아무도 이루지 못한 일이다.

그의 리더십 아래, 영국은 국가 교육 체재를 세웠으며, 국회 개정법을 제정하였고, 의미 심장하리 만큼 많은 투표권이 근로계층의 사람들에게 주어지도록 하였다.

반면, 두 번에 걸쳐 수상직을 역임했던 벤쟈민 디스라엘리는 다른 배경을 갖고 있었다. 30대에 정치에 입문한 그는 외교가로, 사회 개혁가로 명성을 쌓았다. 하지만 그의 가장 큰 업적은 영국의 수에즈 운하 사용권 참여를 지휘한 것이다.

두 사람은 모두 영국을 위해 큰 공헌을 했지만, 국민에게 다가서는 리더로서의 모습은 분명히 달랐다. 둘의 차이점은 이틀 연속으로 그들과 저녁 식사를 함께 한 한 젊은 여인의 이야기에서 잘 나타나고 있다. 그들에게서 받은 인상에 대해 질문을 받자, 그녀는 이렇게 말했다.

"글랫스톤씨 앞에서 식사를 한 뒤, 식당을 나오면서 제가 한 생각은 그가 영국에서 가장 똑똑한 사람이라는 것이었죠. 하지만 디스라엘리씨 옆에서 식사를 하고 난 뒤에 생각한 것은 내가 영국에서 가장 똑똑한 여자라는 것이었죠."

디스라엘리는 사람들을 자신에게 끌어들이고, 그들이 자신을 따르기 원하도록 하는 성품을 갖고 있었다. 그에게는 카리스마가 있었다.

카리스마 만들기

대부분의 사람들은 카리스마를 신비스럽고, 딱히 정의할 수 없는 것으로 생각하고 있다. 그들은 이것이 선천적으로 타고 나지 않으면, 결코 갖출 수 없는 자질이라고 생각한다. 그러나, 그것은 사실이 아니다. 카리스마, 그것은 쉽게 말해 사람들을 끌어들이는 능력을 말하는 것이다. 다른 자질들이 그렇듯이 이것도 개발될 수 있는 것이다.

자신을 다른 사람의 관심을 끄는 사람으로 만들기 위해서는 다음의 사항들을 실천해야 한다.

1. 사랑하는 삶

사람들은 인생을 즐기는 리더를 좋아한다. 어떤 사람들과 함께 시간을 보내고 싶은 지 생각해 보라. 그들은 어떤 사람들인가? 무뚝뚝한 사람들인가? 비참한 사람들인가? 낙담한 사람들인가? 물론 아닐 것이다. 그들은 자축하는 자들이지, 불평하는 자들이 아니다. 삶에 열정을 갖고 있는 자들인 것이다. 만일 사람들을 자신에게 끌어들이고 싶다면, 먼저 자신이 함께 하고 싶은 사람처럼 되어야만 할 것이다. 18세기 복음 전도자 존 웨슬레는 이 말을 잘 간파하고 있다.

"당신 자신에게 불을 붙일 때, 사람들은 와서 당신이 타는 것을 보고 싶어한다."

2. 만점을 주어라

사람들에게 해줄 수 있는 가장 좋은 것 중 하나는 그들에게 최상의 것을 기대하는 것이다. 이러한 행동은 사람들로 하여금 당신의 매력에 끌리도록 도울 것이다. 나는 이것을 만점 주기라고 부른다. 이러한 지침은 사람들로 하여금 자신을 더 높이 평가하게 하며, 동시에 우리에게도 도움을 준다. 자크 위즐(Jacques Wiesel)은 이런 말을 하였다.

"자수성가한 100명의 백만장자들을 조사한 결과 한 가지 공통점을 발견할 수 있었습니다. 그것은 이 성공 시대의 주인공들은 한결같이 사람들의 좋은 점만을 본다는 것입니다."

벤쟈민 디스라엘리는 이 개념을 이해하고 실천했으며, 그것은 그의 카리스마가 지닌 비밀 중 하나였다. 그는 이렇게 말한 적이 있다.

"다른 사람에게 할 수 있는 가장 큰 선은 당신이 가지고 있는 것을 나누어 주는 것이 아닙니다. 그들이 갖고 있는 것을 일깨워 주는 것입니다."

존재 가치를 인정하고, 용기를 주며, 잠재력을 이끌어 내도록 도와준다면, 사람들은 당신을 사랑하게 될 것이다.

3. 희망을 주어라

프랑스의 황제 나폴레옹 보나파르트는 리더를 '희망을 파는 상인(dealers in hope)'이라고 하였다. 모든 위대한 리더들이 그랬듯이, 그 또한 희망이 그가 가진 모든 것 중 최고라는 것을 알고 있었다. 희망의 선물을 전해주는 사람이 되어 보라. 사람들이 따르게 될 것이며, 또 평생 감사해 할 것이다.

4. 타인과 함께 하라

사람들은 자신을 그들과 나누며, 그 인생의 여정에 동참시키는 리더들을 사랑한다. 사람들을 이끌어가야 한다면, 먼저 그들에게 자신을 내어 주어라. 지혜도, 자원도, 심지어 어떤 특별한 경우라도 함께 나누는 것을 잊어선 안 된다.

함께 나누는 것, 이것은 내가 가장 좋아하는 것 중 하나다. 최근 나는 테네시주 쟌스보로에서 열린 연례 이야기 축제(storytelling festival)에 간 적이 있었다. 꼭 참가하고 싶어서 몇 년 동안 별러왔던 행사였다. 결국 모든 일정이 맞아 떨어져, 나는 아내를 데리고 스텝 중 리더 두 명과 함께 부부동반으로 참가하였다. 우리는 아주 신나는 시간을 보냈다. 하지만, 그보다 더 중요한 것은 그들과 특별한 시간을 보냄으로써 그들의 삶에 무언가 가치를 부여할 수 있었다는 것이다.

카리스마를 논할 때, 그 바탕은 타인을 생각하는 것(other-mindedness)에 있다는 것을 잊어선 안될 것이다. 자신을 생각하기에 앞서 타인과 그들의 관심을 생각한다면, 그는 카리스마를 보여주는 리더이다.

점검표

카리스마에 관한 한 자신의 점수는 몇 점이라고 생각하는가? 사람들이 자신의 주위로 자연스럽게 몰려드는가? 그리고 그들이 당신을 정말 좋아하는가? 그렇지 않다면, 카리스마라는 길목에서 다음과 같은 걸림돌과 마주치게 될 것이다.

- **자만(Pride)** : 자기만 최고라고 생각하는 리더를 따르려는 사람은 아무도 없다.
- **불안정(Insecurity)** : 자신에 대해 편안함을 느끼지 못

한다면, 당신을 만나는 다른 사람 역시 똑같은 느낌을 가질 것이다.

• **우울함**(Moodiness) : 당신에게 기대할 수 있는 것이 무엇인지 알지 못한다면, 사람들은 더 이상 어떤 것도 기대하지 않을 것이다.

• **완벽주의**(Perfectionism) : 사람들은 지도자가 갖는 '탁월함에 대한 동경'을 존중한다. 하지만, 그것이 전혀 비현실적인 동경이 될 경우엔 두려워하게 된다.

• **냉소적인 태도**(Cynicism) : 구름 가에 비치는 햇살을 보고도 여전히 구름만을 바라보는 사람 때문에 비를 맞고자 하는 사람은 아무도 없을 것이다. 이러한 태도에서 벗어날 수 있다면, 자신의 카리스마를 더욱 연마할 수 있을 것이다.

실천 사항

자신의 카리스마를 더 강하게 하려면 다음을 실행하도록 하라.

- **초점을 바꿔라.** 앞으로 며칠간 자신이 남에게 어떻게

대하는지 살펴 보라. 남과 대화를 할 때면, 반드시 나에 대한 이야기를 얼마만큼 할 것인지 정하도록 하라. 그리고, 남에게 관심을 기울이겠다는 결심을 하라.

- 첫인상을 최대한 살린다. 한번 시도해 보라. 앞으로 누군가를 처음 만날 때면, 좋은 인상을 남기기 위해 최선을 다 해본다. 이름을 기억하고, 상대방의 관심사에 초점을 맞추며 긍정적으로 행동하라. 가장 중요한 것은 상대를 '만점'으로 대하는 것이다. 이렇게 하루만 할 수 있다면, 매일 매일 할 수 있으며, 밤새 카리스마를 늘려가게 될 것이다.

- 자신을 나누어준다. 자신의 것을 타인과 나누는 것을 평생의 목표로 삼아라. 올 한해 동안 어떻게 하면 다섯 명의 사람에게 가치를 부여해 줄 수 있는가를 생각해 보라. 가족이든, 친구든, 동창이든, 직장 동료든 상관없다. 그들이 개인적으로나 직업적으로 성장하고 발전할 수 있도록 자신이 갖고 있는 것을 공급해 주어라. 그리고, 그들과 함께 여행을 떠나라.

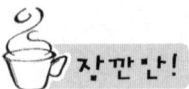

돌리 매디슨 여사 이후 가장 위대한 백악관 여주인으로 알려진 펄 메스타(Perle Mesta)여사는 그녀의 파티에 어떻게 그렇게 많은 부유층 사람들과 유명인사들이 참석하는지, 그에 대한 비결을 질문 받았다.

"모든 것이 문안 인사와 작별 인사에 달려 있지요."

여사는 손님이 도착하면 '이제야 오셨군요.'라고 맞이하고, 떠날 때면 '이렇게 빨리 가시다니 아쉽군요.'라고 말했다고 한다. 그녀의 의제 제 1항은 자신이 아닌 타인에게 관심을 갖는 것이었다. 카리스마란 바로 그런 것이다.

03

헌신

"헌신, 그것은 꿈꾸는 사람과
실천하는 사람으로 나눈다."

헌신하지 않는 리더를 사람들은 따르지 않는다. 헌신은 책임을 완수하기 위해 스스로 선택한 노동시간과 자신의 능력을 개발하기 위한 노력, 그리고 동료를 위한 개인적인 희생을 포함하는 모든 부분에서 보여지는 것이다.
- 스티븐 그렉, 에틱스(Ethics) 그룹 회장

자기의 시간에 최선을 다해 온 사람은 모든 시대를 산 사람이다.
- 죠안 폰 쉴러, 극작가

하나님께서 보실 겁니다.

몇 년 전, 아내 마가렛과 나는 이태리로 휴가를 갈 기회가 있었다. 우리의 최대 관심사는 두 가지. 음식과 예술품이었다. 최고의 음식을 맛보기 위해 우리는 그곳에 살았던 친구들에게 물었고, 가장 훌륭한 예술품들을 보기 위해 이

방면에 있어서 최고의 권위자라 할 수 있는 뉴욕 메트로폴리탄 박물관 예술품 수집 담당자에게 도움을 청했다. 여행 중에 우리는 많은 대작(大作)들을 보았다. 하지만, 그 어느 것도 미켈란젤로의 '다윗(데이빗)상' 보다 감명을 준 것은 없었다. 바로 그것을 본 순간 나는 왜 사람들이 이 작품을 보고 걸작품이라고 말하는지 이해하게 되었다.

미켈란젤로는 우리로서는 도저히 믿어지지 않는 삶을 살았다. 아마도 서구문명이 낳은 최고의 예술가로 가장 지대한 영향을 끼쳤던 예술가 미켈란젤로는 조각을 위해 태어난 사람이었다. 그는 자신이 유모의 젖을 빨았을 때부터 석공의 연장을 흠모하기 시작했다고 한다. 그가 걸작품이라고 불리게 된 첫 작품을 만든 것은 고작 21살 때였다. 그리고 서른이 되기 전 피에타(Pieta)와 다윗(David)상을 완성하였다.

30대 초반, 그는 교황 쥴리우스 2세로부터 로마에 올라와 교황을 위한 웅장한 비석을 만들라는 명령을 받는다. 그러나 그 일은 곧 그림을 그리라는 명령으로 바뀐다. 처음에 그는 거절하려고 했다. 바티칸의 작은 교회 천장에 열두 명의 인물을 그리고 싶은 생각은 조금도 없었다. 소년 시절부터 그림 공부를 하였지만, 그의 열정은 오직 조각에 있었다. 하지만 교황의 요구가 계속되자, 그는 마지못해 그 일을 수락하고 만다.

학자들은 당시 미켈란젤로의 라이벌들이 그가 일을 거부하여 교황의 환심을 잃거나, 아니면 일을 맡아 평판을 잃었으면 하는 속셈으로 이 일을 맡도록 그를 몰아댔다고 말한다. 하지만 일단 일을 받아들이자, 미켈란젤로는 혼신의 힘을 다해 그 일에 몰두하였다. 오히려 12사도를 넘어 창세기에 나오는 9장면을 뽑아 400명이 넘는 인물을 그려 나갔다. 그것은 헌신이었다.

혼신을 다한 4년 동안, 이 예술가는 항상 누워서 시스틴(Sistine) 성당의 천장을 그려야만 했다. 그는 이 그림으로 엄청난 대가를 치렀다. 이 작업으로 그는 회복할 수 없을 정도로 시력을 잃었으며, 기력을 소진하였다. 그는 훗날 이렇게 회상했다.

"400명이 넘는 위대한 인물들을 그리며, 고통스러웠던 4년을 보내고 나니, 나는 마치 예레미야 선지자처럼 늙고 지친 것 같았다. 아직 서른 일곱밖에 되지 않았는데, 친구들은 이미 늙어버린 나를 알아보지 못했다."

미켈란젤로의 헌신이 미친 영향은 참으로 광범위했다. 자신의 후원자인 교황을 기쁘게 한 그는 바티칸으로부터 다른 작품들을 의뢰 받는다. 그러나, 이보다 더 중요한 것은 그가 예술계에 끼친 거대한 충격이었다. 그가 그린 시스틴 성당의 프레스코화(역자주 : 갓 칠한 회벽에 수채화로 그린 그림)는 너무나 대담하고, 너무나 실제처럼 보이고, 너무나 정교해서, 그 유명한 라파엘(Raphael)을 포함한 많은 동료 작가들의 기법을 바꾸게 하였다. 미술학자들은 미켈란젤로의 이 걸작이 유럽 화풍의 미래를 영원히 바꾸어 놓았다고 말한다. 그리고 그것은 조각과 건축 양식에도 똑같이 중요한 영향을 끼치게 하는 초석이 되었다.

그를 위대하게 하였던 잠재력을 가능케 한 것은 바로 그의 재능 때문이었다. 하지만 헌신이 없었다면, 그의 영향력은 아주 작은 것에 불과했을 것이다. 헌신의 정도는 멀리까지 보는 비전 뿐 아니라 아주 미세한 것까지 얼마나 집중하는가를 보면 알 수 있다. 왜 그렇게 어두운 시스틴 성당 구석에서 아무도 보지 않을 것을 열심히 그리고 있냐는 질문에, 미켈란젤로는 이렇게 말했다고 한다.

"하나님께서 보실 겁니다."

헌신 만들기

역사상 위대한 리더 치고 헌신하지 않은 리더는 한 명도 없다. 미 공군의 에드 머클로이(Ed McElroy)는 헌신의 중요성을 이같이 말했다.

"헌신은 우리에게 새 힘을 준다. 무엇이 우리에게 다가온다 할지라도, 그것이 질병이건 가난이건 또는 재난이건 우리는 결코 목표에서 눈을 떼지 않을 것이다."

헌신이란 무엇인가? 그것은 각자에게 있어서 조금씩 다를 수 있다.

- 권투선수에게, 그것은 다운되어 넘어지는 것보다, 한 번 더 일어서는 칠전팔기를 말하는 것이다.
- 마라토너에게, 그것은 힘이 조금도 남지 않았을 때, 10마일을 더 뛰는 것이다.
- 군인에게, 그것은 저편에 무엇이 그들을 기다리고 있는지 몰라도, 고지를 향해 올라가는 것이다.
- 선교사에게, 그것은 남을 위해 자신의 편안함과 작별하는 것이다.

- 리더에게, 그것은 위의 모든 것은 물론, 그 이상을 요구하는 것이다. 왜냐하면, 모든 사람들이 바로 그를 의지하기 때문이다.

훌륭한 리더가 되고 싶은가? 그렇다면 헌신하라. 참된 헌신은 사람들에게 영감을 주고, 그들을 매혹시킨다. 헌신은 사람들에게 당신에게 확신이 있음을 보여준다. 하고자 하는 일에 스스로 확신하지 않는다면, 아무도 당신을 믿고 따르지 않을 것이다. 잊지 말아야 할 것이 있다. 그것은 사람들이 당신의 비전에 동참하기 전에, 당신을 리더로 인정할 것인가를 정한다는 것이다. 헌신, 그 본래의 모습은 무엇인가? 다음의 세 가지 관찰을 잘 읽어보기 바란다.

1. 헌신은 전력을 다하는 마음에서 출발한다.

어떤 사람들은 아무런 헌신도 하기 전에 모든 일이 완벽하게 이루어지길 바란다. 하지만 헌신은 언제나 성취를 우선한다.

켄터키 더비 경마장의 이야기다. 우승마들은 첫 반 마

일을 돌고 나면, 실제로 산소를 모두 소진하게 되며, 나머지는 전력을 다하려는 마음으로 뛴다고 한다. 모든 위대한 운동 선수들이 전력을 다하는 마음을 가장 중요시하는 이유도 바로 여기 있는 것이다. NBA의 살아있는 신화, 마이클 조던(Michael Jordan)은 그 이유를 이렇게 설명하고 있다.

"좋은 선수를 위대한 선수와 갈라놓는 것은 바로 전력을 다하는 마음입니다."

만일 리더로서 남과 구별된 삶을 살고 싶다면, 정말로 헌신하고 있는 지 자신의 마음을 들여다보아야 할 것이다.

2. 헌신은 행함으로 평가받는다

헌신을 말하는 것과 헌신을 행하는 것은 전혀 다른 것이다. 헌신을 가늠하는 것은 오직 하나, 행함이다. 아더 고든(Arthur Gordon)은 이 점을 잘 인식하고 있었다.

"말하는 것보다 쉬운 것은 없다. 하지만 그 말한 것을 매일 매일 실천하는 것보다 어려운 것도 없다."

특별 선거에서 당선된 신임 판사에 대한 이야기를 들

은 적이 있다. 직임 수락 연설에서 그는 이렇게 말했다고 한다.

"제게 표를 보내주시겠다고 약속하셨던 424분의 유권자들에게 감사를 드립니다. 그리고 저를 찍으셨다고 말씀하신 316분께 감사드립니다. 또, 지난 화요일 투표하러 나오신 47분과, 그리고 실제로 제게 표를 주신 26분에게 감사드립니다."

끝까지 헌신한다는 점에서 당신은 어떤 사람인가?

3. 헌신은 성취의 방문을 열어준다

리더로서, 우리는 많은 장애물과 반대를 만나게 될 것이다. 때에 따라서는 오직 헌신만이 우리를 앞으로 이끄는 경우가 있다. 데이빗 믹밀리는 다음과 같이 말했다.

"헌신은 저항하려는 마음의 적이다. 그것은 우리가 아무리 많이 넉다운된다 할지라도, 줄기차게 일어나 매진하겠다는 약속이기 때문이다."

무엇이든 가치 있는 일을 이루고 싶다면, 반드시 헌신해야만 할 것이다.

점검표

헌신을 말할 때면 분류되는 네 가지 형태의 사람들이 있다.

1. 쉽게 포기하는 자들(Cop-outs) : 목표도 없을 뿐더러, 헌신도 하지 않는 사람들.
2. 참여를 꺼리는 자들(Holdouts) : 자신의 목표에 다다를 수 있을 지 몰라서, 헌신하기를 두려워하는 사람들.
3. 낙오된 자들(Dropouts) : 목표를 향해서 출발하나, 일이 힘들어지면 포기하는 사람들.
4. 총력을 다하는 자들(All-outs) : 목표를 세우고 헌신하며, 그 목표에 도달하기 위해 값을 치르는 사람들.

당신은 이 중 어떤 사람인가? 자신의 목표를 달성한 적이 있는가? 할 수 있다고 믿는 모든 것을 현재 이루고 있는가? 사람들이 당신을 믿고 따르려 하는가? 이 중 하나라도 '아니오' 라는 답이 있다면, 문제는 바로 자신의 헌신 정도에 있을 것이다.

실천 사항

보다 헌신된 리더가 되려 한다면, 다음을 실천해 보라.

- 헌신을 측정해 본다. 때로 우리는 자신이 무엇인가에 헌신하고 있다고 생각한다. 하지만, 우리의 행동을 관찰해 보면 그렇지 않을 경우가 많다. 달력과 수표장을 펼쳐 놓아라. 그리고 시간과 돈을 어디에 사용했는지 집계해 보라. 봉사에, 가족과 함께, 그리고 건강과 여가 활동 또는 다른 것들을 위해 얼마나 많은 시간을 할애했는지 살펴 보라. 마찬가지로 생활비나 문화비, 또는 개인 발전비, 혹은 남을 돕는데 얼마나 지출했는지 계산해 보라. 이것이 바로 각자의 헌신을 그대로 보여 주는 척도이다. 누구나 자신의 결과를 보고 놀라게 될 것이다.

- 목숨을 걸 만한 것을 찾는다.
모든 리더가 스스로에게 묻는 질문이 있다고 한다. : 나는 무엇을 위해 죽을 것인가? 정말로 마지막 선택을 해야 한다면, 결과에 상관없이 끝까지 하고 싶은 일은 무엇인가? 시간을 내어 이 문제에 대해 깊이 생각하라. 깨달은 것들을 기록하라. 그리고 자신의 행동이 그것들과 일치하는지 보아라.

- 에디슨 방법을 사용한다. 만일 헌신으로 가는 첫 단계가 문제라면, 토마스 에디슨이 했던 것처럼 해 보라. 그는 좋은 발명품에 대한 아이디어가 떠오르면, 각 신문사에 전화를 걸어 기자 회견을 가졌다 그리곤, 연구소에 들어가 발명하였다. 자신의 계획을 사람들 앞에서 공포하라. 그것을 이루기 위해 더욱 헌신하는 자신을 보게 될 것이다.

전 프로 농구 선수인 빌 브래들리는 15살 때 'Easy'라고 불리는 에드 맥컬리의 여름 농구 캠프에 참가하였다. 그 캠프에서 브래들리는 맥컬리에게서 인생을 바꾸어 놓는 말을 들었다.

"명심하거라. 최고의 기량에 이르기 위해 항상 매 게임마다 최선을 다해야 한다. 그렇지 않으면, 언젠가는 너와 똑같은 기량을 갖춘 선수가 나타날 것이고, 또 다음 시합에 맞붙게 되면, 그가 널 능가하게 된단다."

당신은 이 정신적 기준을 얼마나 만족시키고 있는가?

04

의사전달

"의사 전달이 되지 않는다면,
당신은 늘 혼자일 것이다."

뛰어난 의사 전달 방법의 개발은 유능한 리더십에 있어서
절대 절명의 것이다. 리더는 자신의 생각과 아이디어가
다른 사람에게 긴박감과 함께 열정을 줄 수 있어야 한다.
- 길버트 아멜리오, National Semiconductor Corp 회장

: 교육가들은 단순한 것을 복잡하게 만들지만,
의사 전달자들은 복잡한 것을 단순하게 만든다.
- 존 맥스웰

최고의 전천후 커뮤니케이터(의사 전달자)

미국의 많은 대통령들은 뛰어난 의사 전달자로서 큰 영향을 주어 왔다. 존 F. 케네디, 프랭클린 D. 루즈벨트, 에이브러햄 링컨은 그 중 쉽게 떠오르는 대표적인 경우다. 하지만 우리가 살고 있는 이 시대에는 단 한 명의 대통령만

이 뛰어난 의사 전달자로 불렸다. 다름 아닌, 로널드 레이건 대통령이다.

의사 전달에 대한 레이건의 번뜩이는 재능은 사회 초년병 시절부터 나타나기 시작했다. 그는 첫 출발을 라디오 방송에서 시작했다. 20대 초반, 미 중서부의 유명한 아나운서가 된 레이건은 주로 운동 경기를 생방송으로 중계하였다. 그러나 가끔 웨스턴 유니온이 제공하는 매 순간 경기 결과를 이용하여, 시카고 컵스의 게임을 생방송처럼 중계하곤 하였다. 한번은 그런 식으로 게임을 중계하고 있을 때였다. 오기 갤런이 힘든 상황에서 타석에 들어섰는데, 통신이 두절된 것이다. 레이건은 능숙한 솜씨로 갤런이 투수의 공을 계속해서 파울 시킨 것으로 중계하였다. 통신이 개통될 때까지 무려 6분간이나 파울을 시킨 것이다.

그의 경력을 살펴보면, 레이건은 사람들과 대화하고 의사를 전달하는 남다른 능력이 있음을 보여주고 있다. 그 중에서도 백악관 행을 준비하던 때와 그곳에서 지내던 기간은 그 어느 때보다 그러한 능력이 가장 두드러진다. 1980년 대통령 출마를 선포했을 때, 그는 다음과 같은 말을 함으로써, 자신의 선거 운동에 대한 비전을 분명하고 간결하게 보여 주었다.

"우리가 전하는 메시지의 핵심은 간단하고 친숙한 다섯 단어로 구성되어야만 할 것입니다. 그것은 대단한 경제 원리도 아니며, 정치 철학에 대한 설교도 아닙니다. 단지 다섯 개의 짧은 단어일 뿐입니다. 바로 가정, 직장, 이웃, 자유, 평화입니다."

자신의 선거 운동 기간 내내, 레이건은 현직 대통령인 카터와의 토론을 성공적으로 이끌었다. 전 캘리포니아 주지사가 편안함과 호감을 주는 역량 있는 중년의 미국인으로 다가온 것이다. 현직 대통령과의 토론에서 긴장되지 않았냐는 질문을 받자, 이렇게 대답하였다.

"아뇨, 전혀 그렇지 않았습니다. 난 존 웨인과도 함께 공연을 했었는 걸요."

단체에게 말을 하건, 카메라를 바라보건, 또는 일대일로 대화를 나누건, 레이건은 언제나 의사 전달에 있어서 최대의 효과를 끌어낼 수 있었다. 심지어는 총상을 입고, 수술실에 들어가는 동안에도, 그는 다른 사람들의 마음을 편하게 하려하였다. 수술을 집도하려는 외과 의사들에게 이렇게 말했다고 한다.

"제발 당신네들이 모두 공화당원이라고 말해 주시구려."

레이건은 훌륭한 대통령이었다. 그것은 그가 뚜렷한 비전을 갖고 있었으며, 결정을 쉽게 내리고, 직무를 아주 효과적으로 위임하였기 때문이다. 그러나, 그가 위대한 리더가 될 수 있었던 것은 그의 믿기 어려운 의사 전달 능력 때문이었다. 국정에 관한 한 미국 시민들은 대통령이 어떤 사람이며, 그가 어떤 태도를 취하고 있고, 무엇을 원하고 있는지 알고 있었기 때문에 그가 발표하기 전까지 기다릴 필요가 없었다. 커뮤니케이션이 그를 국민이 따르기 원하는 지도자로 만든 것이다.

의사 전달 능력 만들기

로널드 레이건처럼 나라를 이끄는 안목은 갖고 있지 않아도, 누구에게나 의사 전달 능력은 필요한 것이다. 결혼과 일과 대인관계에 있어서의 성공은, 의사 전달 능력이 상당히 많은 비중을 차지하고 있다.

우리가 원하는 것과 어디로 가는 지를 사람들이 알지 못한다면, 우리를 따르지 않을 것이다.

다음에 나오는 기본 진리를 따른다면, 보다 효과적인 의사 전달자가 될 것이다.

1. 메시지를 단순화시켜라

의사 전달은 단지 우리가 말하는 내용만을 의미하는 것이 아니다. 아울러 이것은 말하는 방법을 뜻하는 것이다. 어떤 교육가들의 가르침과는 반대로, 효과적인 의사 전달의 열쇠는 '간단함(simplicity)'에 있다. 거창한 말이나, '~적, ~적' 하는 복잡한 문장으로 사람들에게 깊은 인상을 주려는 생각은 잊어야 한다. 사람들과 진정으로 통하고 싶다면, 메시지를 간단하게 하라. 나폴레옹 보나파르트는 그의 부관들에게 늘 이렇게 말했다.

"누구나 알 수 있게, 누구나 알 수 있게, 누구나 알 수 있게 하라구."

어느 신참 임원의 이야기는 효과적인 의사 전달이 무엇인지 우리에게 잘 보여주고 있다. 난생 처음 많은 사람들

앞에서 연설하게 된 그는 스승을 찾아가 훌륭한 연설을 할 수 있게 해달라고 도움을 청했다. 노 스승은 그에게 이렇게 말했다고 한다.

"먼저 모든 사람들을 휘어잡을 수 있는 감동적인 인사말을 적어라. 다음, 사람들로 하여금 실천하고 싶어하게 하는 극적인 결론과 맺음말을 적어라. 그리고, 가능한 그것들을 함께 결합시켜 놓아라.

2. 사람을 이해하라

뛰어난 의사 전달자는 자신과 대화할 사람들에게 초점을 맞춘다. 청중들에 대해 아무 것도 알지 못한 상태에선 효과적인 커뮤니케이션이 불가능하다는 것을 잘 알기 때문이다.

개인이건 단체건 사람들과 커뮤니케이션을 가질 때면, 스스로에게 이러한 질문을 하라. 나의 청중은 어떤 사람들인가? 그들의 질문은 무엇인가? 그것을 이루기 위해서는 무엇이 필요한가? 그리고 나에게는 얼마만큼의 시간이 있는가? 더 뛰어난 의사 전달자가 되고자 한다면, 청중 지향

적이 되어야만 한다. 사람들이 최고의 의사 전달자들을 믿는 이유는 그들이 사람들을 믿어 주기 때문이다.

3. 진실을 보여 주어라

신뢰감은 그 어떤 의사 전달보다 우선된다. 청중에게 신뢰를 주는 방법에는 두 가지가 있다. 첫째는, 자신이 말하는 것을 믿는 것이다. 보통 사람이라 할지라도 확신으로 불타오르게 되면 놀라운 의사 전달자가 된다. 육군 원수였던 훼르디난드 포취는 이런 말을 남겼다.

"세상에서 가장 강력한 무기는 불붙은 인간의 영혼이다."

둘째는, 자신이 말한 대로 사는 것이다. 행동으로 보여 주는 확신보다 더 신뢰감을 주는 것은 아무 것도 없다.

4. 반응을 구하라

의사 전달을 하면서 우리가 절대 잊지 말아야 할 것은 바로, 의사 전달의 목표가 행하는 데 있다는 것이다. 막연히 사람들에게 정보를 무더기로 쏟아 붓는다면, 그것은 의사 전달이 아니다. 사람들에게 말할 때마다 그들이 느끼고, 기억하고, 행할 무엇인가를 주어라. 만일 이 일에 성공한다면 리더로서 자신의 능력은 새로운 차원으로 돌입할 것이다.

점검표

MVM의 회장인 댄토 맥퀴에즈 2세는 리더의 의사 전달 능력에 대해 이런 말을 하였다.

"리더는 반드시 다른 사람들을 통해 일을 마쳐야 한다. 따라서, 리더에게는 영감과 동기를 부여하고, 방향을 안내하며, 남의 말을 듣는 능력이 있어야만 한다. 리더가 자신의 비전을 타인의 마음에 각인하고, 그것을 실행하게 하는 방법은 오직 의사 전달을 통해서만 가능하다."

당신은 자신의 의사 전달 능력을 어떻게 평가하고 있는가? 자신에게 있어서 의사 전달은 얼마나 중요한 것인가? 자신의 비전을 사람들이 이해하고 받아들여 실행할 수 있도록, 그러한 방법으로 나타내고 있는가? 사람들에게 영감을 주고, 동기를 부여할 수 있는가? 사람들과 일대일로 대화를 나눌 때, 그들의 마음을 파고 들 수 있는가? 단체와 만나서 말할 때는 어떤가? 자신의 마음속에 있는 비전이 분명 위대한 것인데도 사람들이 그 비전에 동참하지 않는다면, 문제는 의사 전달을 효과적으로 하지 못했기 때문이다.

실천 사항

의사 전달 능력의 배가를 위한 수칙

- 분명하게 하라. 편지든 메모든 최근에 자신이 썼던 것을 살펴보아라. 문장이 짧고 간결한가, 아니면 강물처럼 굽이굽이 흐르는 만연체인가? 글을 읽는 사람들이 사용된 단어들을 이해할 수 있겠는가? 아니면 사전을 뒤적거려야 할 것인가? 가능한 적은 단어를 사용하려고 하였는가? 커뮤니케이터에게 있어서 최고의 친구는 바로 간결함과 명료함이다. 다음 메시지를 전할 때에는 이 두 가지를 마음에 품고 기록하라.

- 관심을 확인하라. 다음 주부터 커뮤니케이션에 임할 때는 자신의 관심이 어디 있는지 확인해 보라. 자신에게 있는가? 아니면 자신의 자료나 청중에 있는가? 만일 청중에게 있지 않다면, 그 관심을 바꾸어야 한다. 그들이 필요로 하는 것, 질문하는 것, 그리고 바라는 것을 생각해 보라. 그들이 있는 그 곳에서 그들을 만나라. 분명 더 나은 의사 전달자가 되어 있을 것이다.

- 메시지대로 살아라. 자신의 언행은 항상 일치하고 있는가? 믿을 수 있는 몇몇 사람을 만나 자신이 말한 대로 살고 있는지 물어 보라. 배우자나 스승이나 친한 친구는 우리가 보지 못하는 것들을 볼 수 있는 사람들이다. 일체의 변명 없이 그들의 지적을 받아들여라. 우리의 삶 속에 이러한 변화를 꾀하는 목적은 일관성을 더하기 위한 것이다.

1865년 4월 7일, 아브라함 링컨 대통령은 참으로 힘든 결정을 내려야 했다. 전선에 있는 장군에게 결정을 통보해야 했기

때문이다. 그 결정에는 자신의 모든 희망과, 또한 대통령으로서 그의 리더십이 갖는 모든 무게가 실려 있었다.

의사 전달자로서 자신이 가지고 있는 모든 역량을 발휘하며 다음과 같은 메시지를 적었다.

그랜트 장군,

셰리댄 장군이 말하길, "만일 궁지에 몰리게 된다면, 남군의 리 장군이 항복할 것으로 생각한다."고 하였소. 밀어 부치시오.

A. 링컨

대통령은 의사 전달의 중요성 때문에, 그 간결성을 복잡하게 하지 않았다. 우리도 결코 간결성을 잃어서는 안될 것이다.

05

능력

"능력을 키워라
그러면 사람들이 몰려 올것이다."

능력이란 말이 필요 없는 것이다. 그것은 그 능력을 말하고 계획하고
행하는 힘으로, 사람들로 하여금 당신이 그 방법을 알고 있으며,
당신을 따르기 원한다는 것을 스스로 알게 하는 것이다.
- 존 맥스웰

배수관 일이 천한 것이라고 생각해 그 기술을 우습게 여기고, 철학은 승화된
행위이니 그 뒤쳐지는 것을 용인하는 사회라면, 결코 훌륭한 배관공도, 뛰어난
철학자도 배출해내지 못할 것이다. 그런 사회는 아무 것도 이룰 수 없다.
- 잔 가드너, 작가

재능을 숨기지 마라

벤쟈민 프랭클린은 언제나 자신을 평범한 시민으로 여겼던 사람이다. 열 일곱 남매 속에서 자란 프랭클린은 돈과는 거리가 먼 양초 제조업자이자 영세 소매상의 아들로 태어났다. 그는 당시 모두가 겪는 전형적인 유년기를 겪어

야 했다. 학교는 단 2년만 다녀야 했고, 12살부터는 형 밑에서 출판 숙련공으로 일해야만 했다.

프랭클린은 13개 항목의 채점표를 만들어 매일 매일 자신의 행동을 평가하며, 열심히 일하고 검소한 삶을 살았다. 20세가 되자, 그는 인쇄업을 직접하기 시작했다. 만일 그가 자신의 사업 분야에만 만족했더라면, 지금 그의 이름은 필라델피아주 역사 속에 각주(脚註)정도로 처리되었을 것이다. 그러나 그는 남다른 삶을 살았다. 미국 독립의 국부이자 새로 시작된 나라의 지도자로 독립 선언문에 서명을 하였고, 파리 조약문 작성을 도왔으며, 미국 헌법을 함께 작성하였다(그는 이 모든 3대 문서에 모두 서명한 유일한 사람이다). 또한 독립 전쟁 중에는 군사적 지원과 자금 조달을 위해, 파리로 가는 어렵고 위험한 비밀 사절단으로 위촉되기도 하였다.

무엇이 이 북부의 상인으로 하여금, 당시 독립 전쟁을 주도하고 있던 부유한 남부 지주들 사이에 그렇게 큰 영향을 행사할 수 있도록 하였을까? 나는 이 모든 것이 플랭클린의 놀라운 능력 때문이라고 생각한다.

벤쟈민 프랭클린은 70년간 자신이 손 댄 모든 것에 있어서 탁월하였다. 1726년 그가 인쇄업을 시작하였을 때, 사람들은 필라델피아의 시장 상태를 보아 시기 상조라고 했지만, 얼마 있지 않아 마을에서 가장 솜씨 좋고 열심히 일하는 인쇄소라는 명성을 쌓게 되었다. 하지만, 그는 거기에 만족하지 않았다.

호기심이 많은 프랭클린은 언제나 자신과 남을 위한 삶의 개선에 힘썼다. 그는 출판업으로 사업을 확장하였으며, 그가 만든 책 중에는 유명한 푸어 리쳐드 연감(Poor Richard's Almanack, 역자주 : '시간은 돈이다' 라는 프랭클린의 저서)도 있다. 또한 수많은 전기 실험을 하였던 그는 많은 용어들을 만들어 내었으며, 그 중에는 아직도 쓰이는 것이 있다. 배가 볼록한 난로, 도뇨관(catheter), 원근시 양용 안경 등은 그가 창안해 낸 많은 발명품 중 하나다. 대서양을 자주 왕복했을 때에는 멕시코 만류의 해로를 그렸다. 삶에 대한 그의 태도는 그가 자신의 연감에 쓴 격언에서 찾아볼 수 있다.

"자신의 재능을 숨기지 마라. 그것은 쓰여지기 위해 있는 것이다. 해시계가 그늘 아래 있다면 어떻게 되는가?"

프랭크린의 재능에 대한 입증은 상당히 많다. 필라델피아의 첫 도서관 설립을 도왔으며, 소방서를 전국 처음으로 만들었고, 시간을 절약하는 일조 개념을 발전시켰다. 또한 정부를 위해 일하는 많은 직함을 가졌다.

대부분의 경우, 프랭클린은 타인들로부터 그 능력을 인정받았다. 그러나, 때로는 자신의 능력을 통해 이를 직접 입증하기도 하였다. 농업에 관한 연구를 하던 때였다. 그는 회반죽이 알곡과 잎을 더 잘 자라게 한다는 사실을 발견하게 되었다. 하지만, 그 발견을 이웃에게 확신시키기는 어려웠다. 그의 해결책은 무엇이었을까? 봄이 돌아오자, 그는 길에서 가까운 밭으로 가서는, 땅에 있는 상추 중 일부를 뽑고, 그 패인 곳에 회반죽을 붓고 다른 모든 곳과 함께 씨를 뿌렸다. 그 후, 몇 주간 동안 사람들은 그곳을 지나가면서 밭의 다른 곳보다 훨씬 더 밝은 빛을 띠며 자라고 있는 것을 보게 되었다. 사람들은 단지 '아! 여기가 회반죽을 한 곳이구나.' 라는 말을 했지만, 그들은 정확한 메시지를 전달받고 있었다.

능력 만들기

우리들은 모두 유능한 사람들을 동경한다. 그들이 정밀

숙련공이든, 세계적인 운동 선수이든, 아니면 성공적인 재계의 리더이든… . 그러나 다행인 것은 우리가 능력을 발휘해야 할 분야에서 남보다 뛰어나기 위해 반드시 화베르제나 마이클 조던이나 빌 게이츠가 될 필요는 없다는 것이다. 허나 질적인 향상을 원한다면, 여기 꼭 해야만 하는 일들이 있다.

1. 매일 경기에 임한다

이런 말이 있다.
"모든 일은 그것을 기다리는 사람을 찾아온다."
물론 안타까운 일이지만, 때로는 그것이 먼저 지나간 사람들이 남기고 간 것 밖에 없는 경우도 있다. 책임감 있는 사람은 예정된 시간에 모습을 나타낸다. 하지만, 정말로 능력이 있는 사람은 거기서 한 걸음 더 나간다. 그들은 몸만 그저 오지 않는다.

기분이 어떻든, 상황이 어떻든, 또 아무리 어렵게 예상되는 경기일지라도 그들은 매일 경기를 할 준비를 하고 나타난다.

2. 계속해서 개선한다

벤쟈민 프랭클린처럼 유능한 사람들은 배우고, 성장하고, 개선하기 위한 길을 끊임없이 모색한다. 그들은 '왜'라는 질문과 함께 그 길을 모색한다. 방법을 아는 사람들은 언제나 일자리를 얻을 수 있다. 하지만 '왜 그러한가'를 아는 사람은 항상 보스(boss)가 될 수 있다.

3. 탁월함으로 끝까지 행한다.

지금껏 나는 유능한 사람 치고 끝까지 행동하지 않는 사람을 본 적이 없다. 이 점에 있어서는 분명 여러분도 마찬가지일 것이다. 윌라 A. 휘스터는 이렇게 말했다.

"질(quality)이란 우연히 만들어지는 것이 아니다. 그것은 언제나 분명한 의도와 순수한 노력, 지적인 안목 그리고 능숙한 작업의 결과로, 곧 수많은 대안 중 현명한 선택임을 보여주는 것이다."

뛰어난 우수성을 입증하면서 일을 수행한다는 것은 언제나 의지를 행하겠다는 하나의 선택인 것이다. 리더로서 우리는 우리를 따르는 사람들이 책임을 맡았을 때 끝까지 행해주기를 바란다. 그들도 그것을 바라고 있을 뿐더러, 리더인 우리에 대한 그들의 기대는 그 이상이다.

4. 기대 이상을 성취한다.

아주 유능한 사람들은 언제나 예정된 거리보다 조금이라도 더 나간다. 그들에게 '그만하면 됐어.' 라는 말은 결코 충분한 것이 될 수 없다. '위기에 처한 사람들(Men in Mid-life Crisis)'에서 짐 콘 웨이는 이렇게 쓰고 있다.

"일부 사람들의 경우, 위대한 사람이 되고자 하는 마음이 점점 작아지는 대신, 할 수 있는 정도에서 최선을 다하고 정도에서 끝내자' 라는 생각을 더 많이 갖고 있다. 이것은 마치 '홈런을 치려고 절대 애쓰지 마라. 빈 볼(머리를 향해 던져진 공)이나 맞지 말고 경기를 끝내자' 와 같다."

리더는 결코 그러한 태도를 용납해서는 안 될 것이다. 리더는 최선을 다해 일을 마쳐야 한다.

5. 감명을 준다.

아주 유능한 리더들은 일을 높은 수준으로 처리하는 데서 끝나지 않는다. 자신의 사람들에게 똑같이 행할 수 있도록 고무시키고 동기를 부여한다. 일부 사람들이 홀로 살아남기 위해 자신만의 기술에 의존한다면, 유능한 리더들은 이 기술과 자신의 유능함을 결합시켜 조직을 좀더 나은 새로운 레벨로 끌어올린다.

점검표

일의 완성도 면에서 자신은 어디에 서 있는가? 열정을 갖고 가능한 최고의 수준으로 모든 일에 적극적으로 달려들었는가? 아니면 적당히 '그만하면 됐어' 하고 끝냈는가?

어떤 사람이 유능한 사람에 대해 생각해 본다면, 누구나 다음 세 유형의 사람들을 반드시 생각해 볼 것이다.

1. 앞으로 필요한 것이 무엇인지 예견할 수 있는 사람들
2. 그것을 실현시키는 사람들
3. 정말로 필요할 때 일을 벌이는 사람들

자신의 직업에 대해 생각해 보라. 평소 어느 레벨에서 업무를 수행하고 있는가? 당신은 생각하는 사람인가? 행동하는 사람인가? 더 잘 해낼 때, 자신을 따르는 사람들에게 더 큰 영향력을 갖게 되는 것이다.

실천 사항

능력을 높이기 위해 해야 할 세 가지 일들

- 경기에 몰두하라. 정신적으로나 정서적으로 자신의 일에서 떨어져 있다면, 그때가 바로 재정비 할 시기이다. 먼저 자신의 일에 다시금 헌신하라. 그 일에 대한 집중력을 분산시키지 않도록 하라.

둘째, 집중하지 못한 원인을 파악하라. 새로운 도전이 필요한가? 상관이나 동료 사이에 갈등이 있는가? 장래성이 없는 일을 하고 있는가? 문제의 근원을 찾아 해결책을 마련하라.

- **기준을 재설정하라.** 항상 높은 수준을 유지하지 못한다

면, 자신이 마련한 기준을 재점검하라. 과녁보다 너무 낮게 쏘고 있지 않은가? 항상 최소한의 것만을 하고 있지는 않은가? 그렇다면 사고 재설정 버튼(mental reset button)을 누르고, 자신을 위해 더 많은 기대치를 설정하라.

- 개선을 위한 세 가지 길을 찾아라. 아무도 하고자 하는 의도 없이 개선을 이룰 수 없다. 자신의 기술을 개선하기 위해 자신이 할 수 있는 세 가지 일을 찾도록 하라. 그리고 시간과 돈을 들여 그것을 끝까지 해내라.

얼마 전 나는 Texas Business지(誌)의 사설을 읽은 적이 있다. 거기에는 이러한 글이 적혀 있었다.

"우리는 진정 '잃어버린 세대'이다. 발끈대며 씩씩거리는 가운데 빠른 트랙을 따라 달려가지만 아무 곳도 도착하지 못한 채, 그저 달러의 표시가 가리키는 방향으로 달릴 뿐이다. 그것이 바로 우리가 인식하는 유일한 기준인 것이다. 우리에게는 어떤 신조도, 윤리의 울타리도 세워진 것이 없다."

자신은 바로 우리 개인이 세운 기준이다. 아무도 모르게 가장 최선을 다해 일을 행한 것은 언제가 마지막이었는가?

06

용기

"용기 있는 한 사람은
소수가 아닌 다수이다"

용기는 인간이 지닌 첫 번째 자질로 올바르게 평가되어야 한다.
왜냐하면 다른 모든 것들을 보증하는 자질이기 때문이다.
- 윈스턴 처칠, 영국 수상

용기는 기도하는 두려움이다.
- 칼 바르트, 스위스 신학자

최고의 전투기 조종사

이 세 사람이 갖고 있는 공통점은 무엇인가? 1914년 데이토나에서 속도 부문 세계 신기록을 수립한 카 레이서, 1차 대전 당시 독일군을 상대로 한 공중전에서 가장 많은 승리를 기록한 전투 조종사, 제 2차 대전 중 비행기 추락 사고에서 살아나 22일간을 태평양 한가운데서 부대(浮袋)에 몸을 지탱하며 견뎌낸 전쟁 특별 자문단장. 이들은 한결같이 위험한 상황을 이겨냈으며 자신들을 누르는 심적, 육체적 압박감 속에서 용기와 강인한 정신력을 보여주었다. 그리고 이들은 모두 '에디 릭켄벡커'라는 한 사람이었다.

도전해야 한다는 것은 그것이 육체적인 것이든, 정신적인 것이든, 경제적인 것이든, 에디 릭켄벡커에게 있어서는 큰 문제가 될 수 없었다. 12살 때 아버지가 돌아가시자 그는 가족의 생계를 부양하기 위해 학교를 그만 두어야 했다.

신문과 계란과 염소젖을 팔았으며, 유리 공장과 양조장, 신발 공장, 주물 공장을 다녔다. 십대 후반이 되자 그는 경주용 자동차 정비사가 되었으며, 22살에는 직접 자동차 경주에 참가하기 시작했다. 2년 뒤 그는 자동차 속도 부문에서 세계 기록을 수립했다.

미국이 제 1차 세계 대전에 참전하게 되자, 릭켄벡커는 항공기 조종사가 되기 위해 입대를 자원했지만, 나이가 너무 많았고, 학력이 모자랐다. 대신 그는 다른 방법을 택했다. 운전병이 되어 입대한 뒤, 상관들에게 항공 훈련소에 보내 달라고 말한 것이었다 대학을 나온 동료 조종사들에 비해 그의 학력은 턱 없이 부족했지만, 그는 누구보다 뛰어난 조종사가 되었다. 전쟁이 끝날 때가지 그는 300 전투 시간(미국 조종사 중 가장 많은 시간임)을 기록했으며, 134차례 적기와 만나 26대를 격추시켰으며, 명예의 훈장을 비롯 8개의 특별 공로 십자가 훈장과 프랑스 레종 도뇌르 훈장(Legion of Honor : Napoleon)을 받았다. 또한 대위로 진급하여 미(美)공군 비행 중대를 지휘하였다.

그가 보여준 용기는 언론으로 하여금 '미국 최고의 전투기 조종사(American Ace of Aces)' 라는 칭호를 붙이게 하였다. 전투에서 보여준 그의 용기에 대한 질문을 받자, 당시 자신이 두려워했다는 것을 인정하며 이렇게 덧붙였다.

"용기란 두려워하는 것을 하는 것입니다. 두려움이 없다면 용기란 필요 없는 것입니다."

그 용기는 세계 제 1차 대전이 끝난 뒤에도, 이 최고의 전투 조종사를 도와주었다. 1933년 그는 이스턴 항공 운송 회사(이스턴 항공사의 전신)의 부사장이 되었다. 당시만 하더라도 모든 항공사는 정부의 보조금을 받아야 경영을 유지해 나갈 수 있었다.

하지만 릭켄벡커의 생각은 달랐다. 모든 항공사는 자립해야 한다고 생각했던 것이다. 그는 회사의 운영 방침을 완전히 바꿀 것을 결심했다. 2년이 채 안 되어, 그는 이스턴 항공사를 항공 역사상 최초의 흑자 회사로 만들었다. 그리고 미국 대통령이 모든 민간 항공사와 맺은 항공 우편 계약을 파기하자, 그는 그 일에 뛰어들어 대성공을 거두었다. 릭켄벡커는 30년간 이스턴 항공사를 훌륭하게 경영한 뒤, 73세에 은퇴하였다. 그로부터 10년 뒤, 그가 세상을 떠나자, 그의 아들 윌리엄은 이렇게 회술했다.

"선친께 좌우명이 있었다면, 그것은 내가 천 번도 더 들은 바로 이 말씀일 것입니다. - '나는 언제나 살쾡이(wildcat)처럼 싸울 것이다.'" (역자주 : 앞뒤 가리지 않고 혼신의 힘을 다해 싸운다는 뜻)

용기 만들기

'에디 릭켄벡커'라는 사람의 삶을 관찰해 보면, 위대한 용기를 발견하지 않을 수 없을 것이다. 전쟁 영웅들 가운데서 용기를 찾아보는 것이란 쉬운 일이다. 하지만 재계나 정부, 교회의 모든 위대한 리더들에게도 용기가 있다. 한 조직이 현저한 발전을 했을 때, 우리는 조직의 리더가 용기 있는 결단을 내렸음을 알 수 있다. 하지만 그렇다고 해서 리더십의 위치가 용기를 주는 것은 아니다. 오히려, 용기가 우리에게 리더십을 갖도록 해주는 것이다. 에디 릭켄벡커가 바로 그런 사람이다. 래리 오스본은 용기에 대해 이렇게 말하고 있다.

"최고의 유능한 리더들을 살펴볼 때, 가장 놀라운 점은 그들 가운데 공통점이 거의 없다는 것이다. 한 사람이 맹세하는 것에 대해 다른 사람은 그렇게 절대 하지 말라고 경고를 하는 식이다. 하지만 그들 가운데 눈에 띠는 한 가지 기질이 있다. 위험을 기꺼이 감수하려는 자세다."

만일 도전하기 힘든 결정을 해야 한다면, 용기에 대한 다음 진리들을 인식하라.

1. 용기는 마음 속 전투로부터 시작된다

리더로서 만나게 되는 모든 시험은 자신 안에서부터 시작된다. 용기에 대한 시험은 별다른 차이점이 없다. 심리

요법 치료 전문가인 셸던 코프는, "모든 중요한 전투는 자기 안에서 벌어진다."고 하였다. 용기는 '두려움이 없다'는 것을 의미하는 것은 아니다. 다만, 두려워하는 것을 하는 것이다. 용기는 친숙한 것(두려움)을 떨쳐버리고 미지의 대지를 향해 나아가는 힘을 갖고 있다. 릭켄벡커에게 있어서 이것은 사실이었으며, 우리에게도 이것은 사실이 될 수 있다.

2. 용기란 일을 바로 잡는 것이지, 결코 적당히 좋게 좋게 하는 것이 아니다

인권 운동가였던 마틴 루터 킹 Jr.목사는 이런 말을 하였다.

"한 인간에 대한 최종적인 평가는 형편이 좋고 안락할 때에 그가 어느 편에 서느냐가 아니라, 옳고 그름에 대해 서로 다른 의견차를 보일 때 어느 편에 서느냐에 좌우된다."

위대한 리더들은 사람들을 대하는 데 있어서, 모두 일가견이 있다. 그들은 사람들로 하여금 타협할 수 있도록 하고, 함께 동참하게 하는 능력이 있다. 하지만 그들도 필요한 때엔 자시의 입장을 취한다. 용기란 지각이나 직관이 아닌 원칙으로 다루는 것이다. 만일 언제 일어나 행해야 할 지를 알지 못하고, 또 그렇게 하려는 확신이 마음 가운데 없다면, 절대로 유능한 리더가 될 수 없다. 잠재력을 믿고 뛰어드는 마음가짐이 언제나 다른 사람들을 달래고자 하는 바람보다 강해야 하는 것이다.

3. 지도자의 용기는 그를 따르는 자들로부터 헌신을 불러일으킨다

"용기는 전염된다."

복음 전도자인 빌리 그레이엄 목사가 늘 역설하는 말이다.

"용감한 사람이 자세를 취하면, 다른 사람들은 모두 부동자세를 취하게 된다."

누구의 용기든 그것은 다른 사람들의 힘을 북돋운다. 하지만, 리더가 보여주는 용기는 감명을 가져다준다. 용기는 사람들로 하여금 그를 따르기 원하도록 한다. 이 점에 대해 나의 친구인 짐 멜라도는 다음과 같이 설명하고 있다.

"리더십이란 사람들로 하여금 옳은 일을 하게 하는 용기를 보여주는 것이다."

4. 우리의 삶은 용기에 비례하여 커간다.

두려움은 리더를 제한한다. 로마의 역사가 타시터스는 이렇게 기록하였다.

"안정을 바라는 마음은 모든 위대하고 고상한 제국에 반(反)하는 것이다."

하지만, 용기는 반대 급부의 효과를 갖고 있다. 용기는 문을 열며, 그것은 바로 용기가 갖는 가장 놀라운 혜택 중 하나인 것이다. 아마 이 때문에 영국의 신학자 존 헨리뉴먼이 다음과 같은 말을 남긴 듯 하다.

"당신의 생명이 끝날 것을 두려워하지 말고, 결코 다시 시작할 수 없다는 것을 두려워하시오."

용기는 우리에게 좋은 출발을 줄 뿐 아니라, 좋은 미래도 가져다준다. 아이러니한 것은 위험을 감수하려는 용기를 갖는 자나 갖지 못하는 자나 똑같은 두려움을 경험하며 산다는 것이다. 다만 차이점이 있다면, 기회를 취하지 못한 자들은 사소한 일에 염려하며 산다는 것이다. 두려움과 의심을 떨쳐버리려 한다면 용기를 가져야만 할 것이다.

점검표

엘리노 루즈벨트는 두려움에 대한 대처를 잘 알고 있는 사람이었다.

"얼굴에 두려움을 정말로 나타내지 않을 때, 그때 얻은 모든 경험은 우리에게 힘과 용기와 확신을 가져다준다. 우리에게는 스스로에게 이렇게 말할 수 있는 능력이 있다. '나는 이 공포를 이겨냈다. 다음에 오는 놈도 충분히 이겨낼 수 있다.' 우리는 자신이 할 수 없다고 생각하는 것을 반드시 해내야만 한다."

당신은 두려움을 어떻게 대처해 나가는가? 그것과 당당히 맞서고 있는가? 이러한 경험들이 매일 매일 삶의 일부가 되었는가? 아니면 자신의 안전 지대로 은신하여 두려움이 무엇인지 전혀 느끼지 못한 채 살고 있는가? 자신의 삶 속에 용감한 정신을 심기 위해 어떠한 변화를 해야만 하는가?

실천 사항

용기를 기르기 위한 일들

- 자진하여 어려움을 극복하라. 용기를 기르기 위해 밖으로 나가 무언가 스스로를 활짝 펴는 일을 하라.

스카이 다이빙을 하거나, 대중 앞에서 연설을 하거나 (대부분의 사람들이 가장 두려워하는 것임), 연극을 하거나, 래프팅을 하거나, 암벽을 타라. 그것이 자신에게 진정한 두려움에 맞설 수 있게 한다면 무엇을 하느냐는 중요치 않다.

- **사람들에게 말하라.** 대부분의 사람들은 상대가 피고용인이건 친척이건, 직장 동료건, 자신의 삶과 관련된 누군가와 대립하는 것을 피하려 한다. 당신도 그러하다면, 이번 주에 그 사람을 만나 이야기하라. 절대 그에게 모든 것을 덮어 씌우거나 욕하지 말라. 사랑 안에서 진리를 말하라. 이미 스카이 다이빙이나 래프팅을 했다면, 두려워하지 않을 것이다.

- 걸음을 크게 내딛어라. 자신의 경력에 있어 다른 것을 해보는 것에 두려움을 갖고 있을 지도 모른다. 직업을 바꾸거나 새로운 사업을 시작해야만 한다는 생각이 마음속에 있었다면, 지금이 그 도전에 맞설 때이다. 시간을 갖고 진지하게 생각해 보라. 배우자와 스승과 진정한 벗과 이야기를 나누어 보라. 그리고 그것이 해야 할 일이라면, 행하라.

19세기 미국에 피터 카트라이트라는 순회 목사가 있었다. 그가 하루는 설교문을 준비하고 있는데, 앤드류 잭슨 대통령이 예배에 참석하니 공격적인 말은 삼가라는 전문을 받았다. 설교 중에 그는 다음과 같은 말을 하는 것을 빼먹지 않았다.

"저는 오늘 앤드류 잭슨 대통령이 오늘 예배에 참석하실 것이라는 소식을 들었습니다. 그리고 말을 조심하라는 주문도 받았습니다. 제가 대통령께 꼭 드릴 말씀이 있는데, 그것은 앤드류 잭슨도 자신의 죄를 회개하지 않으면 지옥에 간다는 것입니다."

설교가 끝나자, 잭슨 대통령은 카트라이트 목사에게 다가가 이렇게 말했다.

"선생님(Sir), 목사님 같은 분이 제게 한 연대만 있다면, 저는 세계를 완전히 장악할 수 있을 것입니다."

용기 있는 행동은 종종 예기치 않은 좋은 결과를 가져다 준다.

07

통찰력
"풀리지 않는 미스테리를 밝힌다"

> 영리한 리더들은 들은 것의 반만 믿는다.
> 하지만, 통찰력 있는 리더들은
> 믿어야 할 그 반이 무엇인지 알고 있다.
> - 존 맥스웰

> 구멍의 첫 번째 규칙 - 당신이 구멍 안에 있다면,
> 파는 것을 멈춰라.
> - 몰리 이빈즈, 컬럼리스트

언제나 문제의 핵심을 살핀다

마리야 스클로도프스카는 항상 사물의 본질을 알고 싶어했다. 폴란드에서 어린 시절을 보낸 그녀는 학교와 배우는 것을 몹시 좋아했다. 부모가 교사직을 잃고 생계를 위해 하숙을 쳤을 때 그녀는 쉴 새 없이 집안의 허드렛일을

해야만 했다. 하지만 그것이 고등학교를 1등으로(그것도 러시아말로 된 시험으로) 마치는 데는 아무런 영향을 주지 못했다.

상급학교에 진학이 여의치 않자 그녀는 여자 가정 교사가 되었고, 어쨌든 파리에 있는 언니가 의과 대학을 마칠 수 있는 돈을 어렵사리 모아 보내 주었다. 그리고 자신도 소르본느에서 공부하기 위해 프랑스로 건너갔다. 2년 뒤 그녀는 물리학을 수석으로 마쳤으며, 1년 뒤에는 수학에서 석사 학위를 받았다.

그리고 나서 그녀는 모든 관심을 연구, 곧 프랑스 산업 협회가 주도하는 실험에 쏟아 부었다. 하지만 정작 열정을 갖게 된 것은 우라늄 광선에 대한 비밀을 파헤치는 것이었다. 더 좋은 연구소를 찾는 가운데 마리야는 장차 자신의 남편이자 연구 파트너가 되는 피에르를 만나게 된다. 어쩌면 마리야 스클로도프스카라는 이름을 들어본 적이 있을 것이다. 하지만, 우리에게 더 낯익은 이름은 그녀가 1895년 피에르 퀴리와 결혼한 뒤 불린 퀴리 부인(Madame marie Curie)일 것이다.

퀴리 부인은 방사능(이 용어도 그녀가 만든 것이다) 분야의 시초라 할 수 있는 일을 시작하는 한편, 핵물리학과 근대 의학의 방사선학의 문도 열었다. 1906년 피에르가 사고로 죽자, 마리 퀴리는 그 일을 계속 진행하였고, 과학에 있어서 많은 획기적인 성과를 거두어냈다.

"삶이란 누구에게나 쉬운 것이 아니랍니다. 그렇다면 그 가운데서 우리는 무엇을 해야 할까요? 우리는 반드시 인내와, 무엇보다 우리 자신에 대한 믿음을 가져야 합니다. 우리 자신에게 어떤 일을 하기 위한 재능이 있으며 그 일을 꼭 이루어야만 한다는 믿음을 가져야만 합니다."

그녀의 연구는 엄청난 유명세를 가져다주었다. 15개의 메달과 19개의 학위, 그리고 2개의 노벨상(그 중 하나는 물리학 분야, 하나는 화학 분야). 퀴리의 끈질김은 그녀의 알고자하는 욕구 뿐 아니라 자신의 연구에서 보여준 실제적인 적용에 잘 나타나고 있다.

세계 1차 대전, 그녀는 전선에 일어나는 일을 보고 자신이 발견한 기술이 생명을 구하는데 도움이 될 것이라는 것을 알았다. 그녀는 딸 이레느(딸 역시 훗날 노벨상을 수상한다)와 함께 X-ray를 개발하고 그 장비를 구급차에 장착시키는 운동을 하였다. 그리고 그것을 다룰 수 있는 150명의 기술자들을 훈련시켰다. 또한 파리 대학에 라듐 연구소 설립을 도왔다. 자신이 연구소를 관리할 뿐 아니라 미국과 유럽에서 물자와 모금을 구하러 직접 다녔다.

인생에 대해 그녀는 이런 말을 남겼다.

"삶에 있어서 두려워할 것은 아무 것도 없습니다. 다만 이해할 뿐입니다."

지성과 통찰력은 그녀로 하여금 우리가 살고 있는 세상에 긍정적인 영향을 끼치는 수많은 것들을 알아내고 찾아낼 수 있도록 하였다. 불행한 일이지만, 그녀의 예리한 통찰력도 건강을 지속시키지는 못했다. 최첨단의 방사능 물질 연구를 하면서, 방사능 물질에 자신을 노출시키고 만 것이다. 연구는 그녀를 조금씩 죽게 하였고, 1934년 갑작스런 건강의 악화와 함께 백혈병으로 66세의 생을 마감하였다.

통찰력 만들기

통찰력은 문제의 뿌리를 찾아내는 능력이라 할 수 있으며, 이성적인 사고뿐 아니라 직관에도 의존한다. 훌륭한 리더라 할지라도 언제나 통찰력을 보여줄 수는 없다. 하지만, 유능한 리더는 통찰력을 필요로 한다. 리더들이 남긴 다음의 말들을 잘 읽어 보라. 이것은 내가 알고 있는 유명한 '최후의 말'들이다.

"내가 자네들에게 말하지만, 웰링턴은 형편없는 장군이며, 영국 군인들은 오합지졸이다. 점심때까지 일을 마무리 지을 수 있을 거야."
- 나폴레옹 보나파르드가 워터루 전투에 나가기 전, 자신의 장군들과 아침을 들면서…(1815)

"내가 알기로 세계를 통틀어 컴퓨터 시장은 5대 정도 밖에 안 된다." - 토마스 왓슨, IBM회장(1943)

"내게 보디가드는 필요 없다."
- 지미 호파, 그가 실종되기 1개월 전(1975)

최대의 역량을 발휘하고 싶어하는 리더라면 통찰력은 누구에게나 필수적인 것이다. 이것은 다음과 같은 몇 가지 중요한 일들을 하는데 도움을 준다.

1. 근원이 되는 쟁점을 찾는다

큰 조직의 리더들은 반드시 매일 매일의 엄청난 혼돈과 복잡함을 이겨나가야 한다. 하지만, 그 누구도 무엇이든 완벽한 그림을 그릴 만큼 충분한 정보를 얻을 수는 없는 것이다. 결국 그들은 통찰력에 의존해야만 한다. 맥길 대학의 헨리 민쯔버그는 이렇게 말하고 있다.

"조직의 효율성은 합리성이라고 불리는 편협한 개념에 놓여 있지 않다. 그것은 명석한 두뇌의 논리와 강력한 직관을 혼합한 데 놓여 있다."

통찰력은 리더로 하여금 그림의 일부를 보고, 나머지 부분을 직관으로 채우고, 문제의 본질을 찾을 수 있도록 한다.

2. 문제 해결의 능력을 높인다

문제의 쟁점이 되는 근원을 찾을 수 있다면 그것을 해결할 수 있다. 리더가 자신이 가진 재능에 가까이 있을 수록 근원을 보는 직관과 능력은 더 강해진다.

통찰력에 대한 자신의 잠재력을 키우고 싶다면, 자신의

강점이 있는 영역에서 일하라.

3. 최대의 효과를 얻을 수 있는 자신만의 선택을 평가한다.

경영 컨설턴트인 로버트 헬러는 이 같은 충고를 한다.
"절대로 배짱을 간과하지 말라. 하지만, 그것만으로 충분하다고 믿지도 말라."
통찰력은 직관력에만도, 지성에만도 의지하지 않는다. 그것은 우리로 하여금 배짱과 머리를 동시에 사용하여, 함께 일하는 사람들과 조직을 위한 최선의 선택을 찾도록 해준다.

4. 기회를 많이 만든다

통찰력이 부족한 사람들이 가장 알맞은 때에, 그것도 가장 적합한 장소에 있기란 좀처럼 보기 드문 일이다. 위대한 리더들은 남이 보기에 운이 있어 그곳에 나타난 것처럼 보이지만, 나는 통찰력의 결과라 할 수 있는 그런 '운'을 그들이 창출해낸 것이라고 믿는다.

점검표

자신을 통찰력 있는 리더라고 생각하는가? 복잡한 쟁점을 대할 때, 문제의 본질을 규명하려는 준비가 되어 있는가?

모든 정보를 일일이 점검하지 않고도 어려운 문제의 근원을 볼 수 있는 능력이 있는가? 자신의 직관을 신뢰하고 있으며, 자신의 지성과 경험만큼 의지하는가? 그렇지 않다면, 직관력을 길러야만 할 것이다. 비전통적인 사고를 소중히 여겨라. 변화와 모호함과 불확실함을 받아들여라. 경험을 통한 자신의 지평선을 넓혀라. 직관력은 사용할수록 커 가는 것이다.

실천 사항

통찰력을 높이기 위한 일들

- 고가의 성공을 분석한다. 과거에 성공적으로 해결한 문제들을 살펴본다. 각 문제의 근원은 무엇이었는가? 무엇이 문제 해결을 가져다주었는가? 만일 문제의 본질을 몇

마디로 말할 수 있다면, 앞으로의 쟁점에 있어서도 문제의 본질을 어떻게 다룰지 이미 알고 있는 것이다.

- **다른 사람들은 어떻게 생각하는지, 그것으로부터 배운다.** 위대한 지도자 중 어떤 인물을 동경하는가? 자신의 직업이나 재능과 비슷한 직업이나 재능을 갖고 있는 사람을 찾아서, 그들의 자서전을 읽어 보라. 다른 통찰력 있는 리더들의 생각하는 법을 배움으로써, 더 많은 통찰력을 얻을 수 있다.

- **배짱에 귀를 기울여라.** 우리가 귀를 기울였든 기울이지 않았든, 직관적으로 마음에 와 닿고 또 그것이 옳았던 적이 언제인가를 생각해 보라. 그러한 경험들이 갖고 있는 공통점은 무엇인가? 자신의 통찰력에 직관력을 심어주는 패턴을 찾아라.

오랫동안 스위스는 시계 제조의 성역이었다. 그들은 돈으로 살 수 있는 최고 품질의 시계들을 만들었으며, 1940년대에

는 세계 시장의 80퍼센트를 차지하고 있었다. 1960년대 말 어떤 발명가가 한 스위스 시계 회사의 리더들을 찾아가 새로운 타입의 시계를 선보였다. 그들은 그의 제안을 받아들이지 않았고, 실제로 그가 찾아간 스위스의 모든 시계 회사들은 똑같이 부정적인 반응을 보였다. 하지만 자신이 발명한 디자인의 장점을 굳게 믿고 있던 그는 일본의 시계 회사를 찾아갔다. 그 회사는 세이코였으며, 그가 제시한 디자인은 디지털 시계였고, 이제 오늘날 모든 시계의 80퍼센트는 디지털 디자인을 사용하고 있다.

통찰력이 주도하는 한 번의 결정이 우리의 운명을 완전히 바꾸어 놓을 수 있는 것이다.

08

초점

"노력하면 할수록,
우리도 예리해진다."

한 번에 두 마리 토끼를 쫓는다면, 한 마리도 잡지 못할 것이다.
- 미상

사람들이 말하는 것과 사람들이 하는 것,
그리고 그들이 한다고 말하는 것은 전혀 별개의 것이다.
- 마가렛 미드, 인류학자

외길을 달리는 남다름

1998년 애틀란타 브레이브즈와 샌디에고 파드레즈가 내셔날 리그 우승을 놓고 맞붙었을 때, 나는 몇 차례 경기를 관전할 수 있었다. 샌디에고에 살았을 때, 파드레즈의 열렬한 팬이었던 나는, 1997년 애틀랜타로 집을 옮긴 뒤로는 브래이브즈로 팀을 바꿔 응원하였다. 시즌 내내 나는 브래이브즈를 응원하였고, 그것은 그들이 플레이오프에서 샌디에고를 만날 때까지 그랬다. 왜 내가 마음을 바꾸었을까? 그것은 토니 그윈의 반대편에 도저히 설 수 없었기 때문이다.

토니 그윈은 테드 윌리엄즈 이후 최고라 할 수 있는 선수로, 지난 15년간 가장 뛰어난 타자였다. 그는 믿어지지 않는 8개의 타격 타이틀을 따냈다. 오직 타이 콥만이 그보다 하나 더 따냈었다. 그의 통산 타율은 3할 3푼 9리로 그윈의 플레이를 지켜보는 것은 언제나 즐겁기만 하다. 그는 뉴욕 쿠퍼스타운에 있는 명예의 전당(Hall of Fame)에 분명 헌정될 것이다.

하지만 거리에서 그를 만난다면 대부분의 사람들은 그를 알아보지 못할 것이다. 더구나 프로 운동 선수일 것이라는 생각은 조금도 하지 못할 것이다. 5피트 11인치에 220파운드의 체격을 지닌 그는 마크 맥과이어와 같은 야구 스타들의 모습을 갖고 있지 않다. 하지만 그는 실수를 하지 않는다. 타고난 재능을 지닌 운동 선수인 그는 대학 진학 때 농구와 야구, 양 종목에 걸쳐 드래프트 되기도 하였다. 그러나 정작 그에게 성공을 가져다 준 것은 그의 엄청난 재능이 아니라 초점을 맞추는 능력이었다.

야구공 치는 것을 가장 좋아하는 토니 그윈은 타격에 자신의 모든 것을 바치고 있다. 시즌 때면 대학 시절부터 읽던 테드 윌리엄즈의 '타격 방법(Science of Hitting)'을 서너 차례씩 읽고, 끊임없이 비디오 테이프를 통해 타격 방법을 살펴본다. 그의 집에는 위성 안테나와 5대의 VTR로 녹음된 타격 테이프 도서실이 있다. 심지어 그는 차를 타고 가면서도 테이프를 본다. 시즌 중 다른 곳으로 이동할 때면, 2대의 VTR을 가지고 다니며 자신의 타격을 녹음하고 편집한다. 배트를 스윙하거나 테이프를 보지 않을 때면 동료들과 끊임없이 타격에 대해 이야기하며, 올스타 게임에서도 역시 그는 테드 윌리엄즈 같은 뛰어난 선수들과 함께 항상 타격에 대해 이야기를 한다.

그윈에게는 충분하다는 말은 없다. 타격은 그의 기쁨이다. 한번은 타격 장갑이 호주머니 바깥으로 나온 채 한 행사장에 도착해서 화제가 된 적이 있다. 좀처럼 타격을 멈추려 하지 않는다는 것을 보여준 것이다. 연습이나 테이프 관찰 또는 타격에 대한 대화를 하지 않을 때도, 그는 탁구나 다른 운동을 하면서 눈과 손의 조화를 향상시키는 데 주력한다. 또한 샌디에고 팀에 계속 남기로 한 그의 결정 또한 경기력을 향상시켜 주었다.

"나의 장점 중 하나는 내가 얼마만큼 조정할 수 있냐는 것을 알고 있다는 것입니다. 샌디에고에서는 좀처럼 마음이 흐트러지지 않습니다. 이곳은 소란스런 매스컴의 그런 열광이 없습니다. 그것은 일정한 수준을 유지하는데 도움을 줍니다."

일정한 수준을 유지한다는 것은 참으로 옳은 말이다. 그윈은 데뷔 첫해를 제외하고는 매 시즌 3할 이상을 때려냈다. 컬럼니스트 죠지 윌은 그윈같이 자신의 분야에서 뛰어난 사람들은 대부분의 사람들이 모르는 일종의 집중력이 개발되어 있다고 주장하고 있다.

초점 만들기

유능한 리더에게 요구되는 초점을 우리는 어떻게 갖출 수 있을까? 열쇠는 우선 순위를 정하고, 집중하는 데 있다. 우선 순위는 알지만 집중하지 못하는 리더는 요령은 알되 결코 이루지 못하며, 집중은 하지만 우선 순위가 없는 리더는 진전 없는 탁월함만을 보여줄 뿐이다. 하지만 이 둘을 동시에 끌고 나가면 엄청난 일을 이루어내는 잠재력을 갖게 된다.

나는 아주 작은 이에 힘쓰려는 리더들을 자주 만나게 된다. 절대 이해할 수 없는 일이다. 그것은 마치 토니 그윈이 모든 시간을 도루에 쏟는 것과 마찬가지다. 물론 그윈은 도루를 한다. 통산 300개 이상의 도루를 하였다. 하지만 그것은 그의 주특기가 아니다. 타격 대신 도루에 모든 시간을 쏟는다는 것은 그의 시간과 재능을 낭비하는 것이다.

따라서, 가장 중요한 질문은 자신의 시간과 에너지에 어떤 식으로 초점을 맞출 수 있냐는 것이다. 다음의 지시 사항을 따르면 도움을 받게 될 것이다.

1. 초점의 70%는 장점에 둔다

자신의 잠재력에 도달한 유능한 리더들은 더 많은 시간을 자신이 잘 못하는 것보다 잘 하는 것에 두며 초점을 맞춘다. 리더십 전문가인 피터 드러커는 이 같은 글을 썼다.

"최고의 미스터리는 사람들이 일을 형편없이 한다는 것이 아니라 그들이 이따금 몇 가지 일을 잘 한다는 것이다. 유일하게 보편적인 것이 있다면 그것은 무능(incompetence)이다. 장점이란 언제나 특정한 것을 말한다! 예를 들어, 위대한 바이올리니스트인 쟈스챠 하이페쯔가 트럼펫은 잘 불지 못할 것이라고 말하는 사람은 한 명도 없다."

성공적인 삶이 되고 싶으면, 자신의 장점에 초점을 맞추고 그것을 개발하라. 그곳이 자신의 시간과 에너지와 자원을 쏟아 부어야 할 곳이다.

2. 초점의 25%는 새로운 일에 둔다

성장은 변화와 같은 말이다. 더 잘하기 원한다면, 계속해서 변하고 개선해야만 한다. 그것은 새로운 영역으로 발걸음을 내딛는 것이다. 그윈은 테드 울리엄즈와 대화를 나눈 뒤, 몇 년 뒤에 그것을 정형화하였다. 프로야구의 선배인 테드가 인사이드 공 공략법을 배우게 되면 더 훌륭한 선수가 될 것이라고 한 것이다. 아웃사이드 공을 좋아하던 그는 그대로 실천하였고, 타율은 현저하게 높아졌다. 장점에 관련된 새로운 일에 시간을 투자한다면 분명 리더가 될 것이다. 잊지 말라 - 리더십에서, 성장하기를 그만둔다면 그것은 모든 것을 그만두는 것이다.

3. 초점의 5%는 약점에 둔다

약점을 완전히 피하며 일할 수 있는 사람은 아무도 없다. 열쇠는 가능한 그것을 최소로 만드는 데 있으며, 리더는 다른 사람을 통해 그 일을 해낼 수 있다. 예를 들어, 나는 세세한 일은 다른 사람에게 위임시킨다. INJOY의 사람들은 내가 주도하는 모든 집회의 세부적인 일들을 맡는다. 그런 식으로 일을 나누는 가운데 나는 실제적인 강연 같은 일, 즉 내가 가장 잘하는 일에 몰두한다.

점검표

초점을 맞추는데 있어서, 자신은 몇 점이라고 생각하는가? 사소하고 작은 일을 크게 보고 있지는 않은가? 실패했던 약점을 보완하느라고 너무 많은 시간을 쏟고 있진 않은가? 잠재력이 거의 없는 사람들이 당신의 시간을 모두 차지하고 있지는 않은가? 그렇다면 아마, 초점을 잃고 있기 때문일 것이다. 초점을 되찾고, 다시 궤도로 돌아오려고 한다면, 다음을 행하라.

자신을 중심으로 일하라. 자기 자신은 각자의 가장 큰 자산이 될 수도, 손실이 될 수도 있기 때문이다.
우선 순위를 따라 일하라. 우선 순위를 지킬 수 있도록 투쟁해야만 할 것이다.
장점을 놓고 일하라. 잠재력을 찾게 될 것이다.
동료들과 함께 일하라. 절대 혼자 유능해질 수는 없는 것이다.

실천 사항

초점을 잘 맞추기 위한 방법

- **장점으로 방향을 전환하라.** 자신이 하는 일 가운데 잘

하는 것 서너 가지를 적어라. 그리고 그것을 위해 시간의 몇 퍼센트를 쓰고 있는지 기록하라. 또, 자신이 가진 자원(시간, 돈, 지식…)의 몇 퍼센트가 쓰여지고 있는지 확인하라.

자신의 장점을 위해 시간의 70퍼센트를 쓸 수 있도록 계획을 세워라. 그렇게 하지 못한다면, 자신의 직업이나 경력을 다시 재평가해야 할 시간이 온 것이라 할 수 있다.

- **약점은 위임하라.** 잘 하지 못하지만 반드시 해야만 하는 것 서너 가지를 찾아 보라. 그리고 그것을 누구에게 위임할 수 있는가를 결정하라. 참모진을 고용해야만 하는가? 동료와 짝을 이루어 책임을 나눌 수 있겠는가? 계획을 짜 보라.

- **칼날을 세워라.** 지금까지 우선 순위를 살펴보고, 집중에 대해 생각해 보았다. 자신의 장점이 갖는 주된 영역에서 한 단계 더 올라가려면 어떤 일을 해야만 하겠는가? 어떤 도구가 새로 필요한가? 어떻게 일을 하고, 어떻게 희생을 감수할 수 있을지 다시 생각하라. 다음 단계로 나가기

위해 사용된 시간과 돈은 우리가 할 수 있는 가장 뛰어난 투자이다.

노련한 조련사들은 사자 우리에 들어갈 때 걸상을 갖고 간다. 왜 하필 걸상을 들고 가는 것일까? 그 이유는 마치 진정제처럼, 그 어떤 것보다 사자를 쉽게 제어하기 때문이다. 조련사들이 걸상 다리를 사자의 얼굴에 쭉 펴서 잡고 있으면, 사자는 걸상 다리 네 개 모두에 초점을 맞추려 한다고 한다. 결국, 사자는 걸상 다리에 마비되고 마는 것이다.

나누어진 초점은 우리의 일을 방해할 뿐이다.

09

관대함

"초가 다 타더라도 다른 것을 밝히고 있다면,
결코 초를 잃은 것이 아니다."

자신이 받은 것으로 영예를 입은 사람은 아무도 없다.
영예는 자기가 준 것에 대한 상이기 때문이다.
- 캘빈 쿨리지, 미국 대통령

주는 것이란 삶에 있어서 최상의 단계이다.
- 존 맥스웰

마음에서 비롯된다

'관대한 사람' 하면 생각나는 사람은 누구인가? 20세기 들어 등장한 백만장자 박애주의자들, 즉 앤드류 카네기나 J.P. 몰간 같은 사람들인가? 아니면, 조안 크록이나 빌 게이츠 같은 최근의 자선자들인가? 그런 사람들은 수백만 달러를 서슴없이 기부하곤 한다. 하지만, 이번에 소개하고자 하는 사람은 그들과는 다른 인물이다. 어쩌면 그 이름을 한 번도 들어보지 못했을 그녀는 '주는 것'에 대한 가장 깊은 차원, 오직 마음에서 우러나오는 것을 보여준 사람이다.

그녀의 이름은 엘리자벳 엘리엇. 1950년대 초, 키추아 인디언들을 찾으러 간다는 희망 속에 그녀는 에콰도르 선교팀에 합류하였다. 그룹에는 1947년부터 그녀의 관심을 사려던 짐이라는 젊은 청년이 있었다. 그들은 같이 일하면서 인디언들을 섬기는데 삶을 보내기로 하였을 뿐 아니라, 서로에게 헌신키로 다짐하고 결혼하였다.

결혼 후 약 2년이 지나고, 발레리라는 딸이 생후 10개월이 되었을 때, 짐은 다른 네 명의 선교사들과 함께 오카라고 불리는 지역의 소수 인디언에 대한 의무감을 갖게 되었다. 그들은 사납기로 유명한 인디언들이었다. 그들과의 접촉은 1600년대 그들을 찾아간 신부를 살해한 것으로부터 시작되었다. 그 후로 그들은 자신들이 다니는 길에 들어오는 모든 외부인들을 공격하였고, 때문에 현지 인디언들조차도 그 잔악성 때문에 그들을 피하고 있었다.

짐과 다른 선교사들이 접촉을 시도하기 위해 준비하고 있을 때, 엘리자벳은 다섯 사람 모두가 위험에 빠져들고 있다는 것을 알고 있었지만, 확고한 헌신으로 의연해 하였다. 두 사람 모두 이 선교사역에 삶을 바치기로 하였기 때문이었다. 몇 주 후, 작은 비행기를 몰고 항공 조종 선교사가 오카 마을에 물자와 다른 물건들을 선물로 투하하였다. 거기에는 선교사들의 사진도 포함되어 있었고, 그것은 부족민들과 첫 대면을 대비한 것이었다. 몇 주 뒤, 짐과 네 명의 다른 선교사들은 쿠라레이 강기슭에 도착하여 캠프를 쳤다. 그곳에서 그들은 친근하게 환대하는 듯한 세 명의 오카인, 한 남자와 두 여인을 만났다. 그리고 며칠 동안 몇몇 다른 오카인들을 만났다. 무전기를 통해 선교사들은 부족과 상당히 우호적인 관계로 발전하고 있는 듯 하다고 아내들에게 전했다.

그런데, 며칠 후 약속된 시간에 베이스 캠프에서 하기로 했던 연락이 오지 않은 것이었다. 아무리 기다려도 소용이 없었다. 몇 분이 지나고, 몇 시간이 지나고, 결국 하루가 지났다. 엘리자벳과 다른 아내들은 최악의 사태가 일어난 것이 아닌가 하는 두려움에 싸이게 되었다.

결국, 그들을 찾아 나선 구조 탐사대로부터 나쁜 소식이 전해졌다. 그들이 강가에 떠돌아다니는 한 백인 남자의 시체를 발견한 것이었다. 그리고 한 사람씩 한 사람씩 발견되었고, 발견된 사람은 모두 오카 부족의 창에 찔려있었다.

다섯 명 모두가 살해된 것이다.

엘리자벳과 같은 처지가 되었다면, 많은 사람들은 집으로 돌아갔을 것이다. 다른 사람들을 돕기 위해 편안한 미국 생활을 포기하는 것과 자신의 배우자를 포기하는 것은 전혀 별개의 것이기 때문이다. 하지만 엘리엇은 진정으로 관대한 마음을 갖고 있었다. 엄청난 실의에도 불구하고, 그녀는 계속해서 에콰도르 사람들을 돕고자 하였다. 그곳에 머물면서 자신이 함께 살았던 키쿠아 사람들을 섬겼다.

하지만 우리를 놀라게 하는 것은 그 후에 일어난 일이었다. 2,3년 뒤 다른 선교사들의 끊임없는 시도 속에 마침내 오카 부족과의 접촉이 성공을 하게 되자, 엘리자벳 엘리엇은 바로 부족 마을로 달려갔다. 복수를 위한 것이었을까? 아니었다. 그곳 사람들과 함께 일하며, 그들을 섬기기 위한 것이었다. 오카 부족 사람들과 함께 살면서 2년간 봉사하는 가운데, 많은 사람들이 그녀가 전한 하나님의 사랑의 메시지를 기쁘게 받아들였다. 그리고 그 가운데는 그녀의 남편을 죽인 일곱 남자 중 2명도 포함되어 있었다.

관대함 만들기

리더의 관대함만큼 사람들에게 영향을 미치는 것은 없다. 진정한 관대함은 어쩌다 일어나는 것이 아니다. 그것은 마음에서 우러나와, 리더의 삶 전체에 스며들어 그가 가진 시간, 돈, 재능, 소유물에 영향을 미치게 된다. 사람들이 동경하는 유능한 리더란 자신의 배를 채우려는 긁어모으는 사람이 아니라 다른 사람들에게 나눠주려는 사람이다. 여러분의 삶 속에 관대함을 길러 보라. 여기 그 방법이 있다.

1. 가지고 있는 것은 무엇이든 감사하게 여긴다

자신의 가지고 있는 것에 만족하지 못한다면 관대해질 수 없다. 관대함은 만족에서 비롯되는 것으로, 그 이상 더

얻으려는 것에서 시작되는 게 아니다. 백만장자였던 쟌 D 록펠러는 이 사실을 다음과 같이 인정하였다.

"나는 수백만 달러를 벌었지만, 그것은 나에게 아무런 행복도 가져다주지 않았다."

작은 것에 만족하지 못한다면, 많은 것에도 만족하지 못할 것이다. 만일 가진 것이 없기 때문에 관대할 수 없다면, 부자가 되어도 그 생각만큼은 바뀌지 않는다.

2. 사람을 우선으로 한다

리더에 대한 평가는 얼마나 많은 사람이 그를 섬기는가가 아니라 얼마나 많은 사람을 그가 섬기는가로 이루어진다. 관대함은 남을 먼저 배려토록 하는 것이다. 그렇게 된다면, 주는 것이 이전보다 훨씬 쉬워질 것이다.

3. 물욕의 포로가 되어선 안된다

나의 친구인 윌슨의 말에 따르면, 사람들은 크게 세 가지 그룹으로 나누어진다고 한다. '가진 자, 가진 것이 없는 자, 그리고 가진 것에 대한 값을 치르지 않는 자'. 점점 더 많은 사람들이 '손에 넣으려는' 욕망의 노예가 되어가고 있다. 작가인 리처드 포스터는 이렇게 쓰고 있다.

"우리의 문화를 볼 때 사물을 갖는다는 것은 일종의 강박관념(obsession)이다. 우리는 그것을 갖게 되면, 통제할 수 있을 것이라는 생각을 하게 된다. 그리고 그것을 통제할 수 있으면 그 소유가 우리에게 더 많은 즐거움을 줄 것이라고 생각을 한다. 그러나 이것은 모두 착각이다."

자신의 마음을 다스리고 싶다면, 소유물이 자신을 다스리지 못하게 하라.

4. 돈도 하나의 자원으로 보라

누군가 한번은 이런 말을 하였다.
"돈과 관련해서는 아무도 자신할 수 없다."

오직 돈을 버는 데만 신경을 쓴다면, 당신은 한낱 물질주의자일 뿐이다. 만일 모든 노력에도 불구하고 돈을 벌지 못한다면 패자가 되는 것이며, 벌고 쓰지 않는다면 구두쇠며, 버는 데로 쓴다면 방탕자이며, 버는 데 아무런 관심이 없다면 야망이 없는 것이며, 많이 벌더라도 죽을 때까지 지니고만 있다면 그는 죽어서까지 가져가려는 바보인 것이다. 돈을 이기는 길은 오직 하나, 돈을 느슨하게 잡고 가치 있는 일에 아낌없이 쓰는 것이다. E. 스텐리 존스가 남긴 말대로 말이다.

"돈이란 가장 최고의 하인일 수도 가장 혹독한 주인일 수도 있는 것이다. 돈을 머리 위에 이고 그 밑에 있게 된다면, 돈의 노예가 될 수밖에 없는 것이다."

5. 주는 습관을 길러라

1889년 백만장자 사업가인 앤드류 카네기는 '부의 복음(Gospel of Wealth)'이라는 수필을 쓴 적이 있다. 그 글에서 그는 부유한 사람의 삶은 반드시 두 가지 기간을 갖게 된다고 말하고 있다. 그것은 부를 모으는 시간과 그것을 재분배하는 시간이다.

관대함을 유지하는 유일한 길은 자신이 가진 시간과 태도와 돈과 자원을 나누는 것을 습관화하는 것이다. 리처드 포스터는 이렇게 조언하고 있다.

"돈이나 다른 재물을 붙잡지 않는 것, 바로 그러한 행동은 우리 안에서 무언가를 행하게 된다. 그것은 마귀의 탐욕을 붕괴시킨다."

탐욕에 눌려 있다면, 리더가 될 수 없다.

점검표

당신은 관대한 리더인가? 다른 사람에게 유익이 되는 길을 찾기 위해 계속해서 일할 수 있는가? 자신보다 의미 있는 일에 더 많은 돈을 쓰고 있는가? 다른 사람을 위해 자신의 시간을 할애하고 있는가? 남을 위해 자신의 삶을 바치고 있는가? 당신을 도울 수도, 나중에 갚을 수도 없는 사람들을 돕고 있는가? 작가인 존 번연은 확고한 말을 남겼다.

"당신에게 받은 것을 도저히 갚을 수 없는 사람에게 무엇인가를 행하지 않았다면, 당신은 오늘을 살았다고 할 수 없다."

삶의 작은 영역에서마저 베풀려 하지 않는다면, 관대한 리더가 될 수 있는 자신의 역량을 결코 발휘하지 못할 것이다.

실천 사항

관대함 길라잡이

- 무엇이든 베푼다. 가진 것을 확인하라. 참으로 소중히 여기는 것을 골라, 자신이 아끼는 사람 중에 그것이 꼭 필요한 사람이 누구인지 생각한 다음, 그에게 주라. 익명으로 한다면 훨씬 더 좋을 것이다.

- 돈으로 일하게 하라. 정말로 위대한 비전이 있는 사람을 안다면, 그리고 그것이 많은 사람의 삶에 긍정적인 영향을 미칠 것이라면, 그것을 이룰 수 있도록 자원을 공급하라.
자신보다 더 오래 갈 것을 위해 일할 수 있도록 돈을 쓰라.

- 누군가의 스승(mentor)이 되라. 리더십에 있어서 어느 정도 수준에 올랐다면, 자신이 주어야 할 가장 가치 있는 것은 바로 자기 자신이다.

자신을 줄 수 있는 대상을 찾아라. 그리고 시간과 자원을 들여 그가 더 나은 리더가 될 수 있도록 하라.

프랑스의 유명한 작가 도미니크 라피에르가 새 작품 구성을 위한 준비 과정으로 인도를 처음 여행했을 때, 그는 선불로 받은 책값으로 구입한 롤스로이스를 타고, 근사한 모습으로 떠났다.

그리고 차 안에서 그는 자신의 책 〈시티 오브 조이(City of Joy : 영화로도 상영됨)에 필요한 것을 얻었다. 하지만, 그는 그것 말고도 또 다른 것을 얻게 되었다. 바로 그 곳에서 만나게 된 가난하고 비참한 삶을 사는 사람들을 돕고자 하는 열정이었다.

그것은 그 후로 그의 삶을 영원히 바꾸어 놓았다. 이제 그는 자신의 시간을 쪼개 글을 쓰고, 모금을 하며, 가난한 사람들에게 돈과 시간을 헌신하며 살고 있다. 그의 삶에 대한 태도는 자신의 명함에 쓰여진 인도의 시인 라빈드라낫 타고르의 말로 잘 요약되어 있다.

"주지 못한 것은 모두 잃은 것이다(All that is not given is lost)."

우리가 현재 잃고 있는 것은 그것을 꼭 쥐고 있기 때문이 아닌가?

10

솔선

"이것이 없이는 절대
현재의 안락함을 떠날 수 없다."

성공은 행동과 연결되어 있다. 성공한 사람들은 계속해서 움직인다.
그들은 실패하지만, 결코 포기하지 않는다.
- 콘래드 힐튼, 호텔 경영자

리더가 경계해야 할 첫 번째 목록은 안락함이다.
- 존 맥스웰

한 걸음 더 내딛어라

케몬즈 윌슨은 평생을 솔선하며 살아왔다. 7살 때 일을 시작한 뒤로, 쉬어본 적이 없는 그는 처음에 잡지와 신문과 팝콘을 팔면서 일을 시작했다. 1930년 어엿한 17살의 청년이 되자, 그는 처음으로 봉급을 받는 직장인이 되기로 결심하고, 중개 가격란에 숫자를 기입하는 면 중개인 (cotton broker)이 되어 주급 12달러를 받았다.

그러던 어느 날, 주당 35달러를 받는 회계 일자리가 나자 그 일에 응시하여 자리를 옮겼다. 하지만 그가 받은 첫 주급은 여전히 12달러였다. 그는 인상을 요구하였고, 그의 주장은 받아들여지는 듯 했다. 그러나 다음에 받은 그의 주급은 고작 3달러만이 올랐을 뿐이었다. 왜 다른 회계 장부인들처럼 35달러를 받지 못하느냐는 그의 질문에, 회사는 17살 어린아이한테 그렇게 줄 수는 없다고 답변하였다. 윌슨은 바로 사직서를 제출하였다. 그것이 그의 마지막 샐러리맨 생활이었으며, 그후로 75년간 한 번도 취직을 해본 적이 없었다.

윌슨은 여러 가지 사업을 벌이며 돈을 모았다. 핀볼 머신도 취급했고, 음료수 유통업도 하였으며, 벤딩 머신(자판기)도 판매하였다. 돈이 모이자, 효자였던 그는 어머니께 집을 지어드리려 하였다. 바로 그 때 그는 주택 건축 사업에 대한 잠재성을 깨닫게 되었다.

그는 곧 멤피스(Memphis)에서 주택 사업을 시작하였고, 특히 전후(戰後) 몰려온 주택 경기의 호황은 그에게 엄청난 이익을 남겨 주었다.

윌슨의 앞서가는 정신(initiative)은 그에게 많은 재산을 가져다주었다. 하지만 세상에 영향을 줄 정도는 아니었다. 적어도 1951년까지는 그랬다. 바로 그 해 멤피스의 사업가는 가족을 데리고 휴가차 수도인 워싱턴시(市)로 여행을 떠났다. 그는 이 여행을 통해 미국의 숙박 시설이 정말 형편없다는 것을 알게 되었다. 당시 모텔업은 1920년대 이후 미국 전역에 급속도로 발전하고 있었지만 일관성이 없었다. 가족이 함께 할 수 있는 훌륭한 곳이 있는가 하면, 방 값을 시간당 계산하는 곳도 있었다. 더 큰 문제는 여행자들이 어느 곳을 찾아야 할지 모른다는 것이었다.

훗날 윌슨은 이렇게 회상하였다.

"당시에는 묶고 있는 곳이 어떤 곳인지 구분조차 할 수 없었죠. 어떤 곳은 말할 수 없을 정도로 지저분했구요. 게다가 애들한테도 숙박비를 받았습니다. 정말 내 속에 있는 스코틀랜드 피를 부글부글 끓게 만들었지요."

자녀가 다섯이나 되었던 윌슨으로서는 화가 날 만한 일이었다. 모텔들은 방 값 4달러에, 아이 한 명당 2달러를 추가로 계산해 6달러씩 받았다. 원래 값보다 3배나 치른 것이다. 보통 사람들 같았으면 불평을 한 뒤 잊었을 것이다. 하지만 윌슨은 달랐다. 언제나 기다리지 않고 앞서 나가는 사람이었던 그는 이 일에 대해 무엇인가를 해야겠다고 마음을 먹었다.

"여보, 집으로 가서 가족 호텔 체인을 만듭시다. 누구나 믿고 찾을 수 있는 호텔을 말이오."

아내는 그의 말에 웃기만 했다고 한다.

멤피스로 돌아온 윌슨은 설계가를 고용해 자신의 첫 호텔을 디자인하게 하였다. 그는 깨끗하고 심플하며 일정한 수준을 유지하는 호텔을 원했다. 그리고 자신과 가족들이 누리지 못했던 것, 텔레비전이나 풀(Pool) 등을 모두 갖추길 바랬다.

다음 해, 그는 멤피스 외곽에 첫 호텔을 오픈하고, 호텔의 이름을 160m 높이의 대형 광고판 위에 빛나게 하였다. 이름은 홀리데이 인(Holiday Inn)이었다.

400개의 호텔 체인을 형성하기까지는, 그가 기대한 것보다 더 많은 시간이 걸렸다. 1959년 그는 100번째 호텔을 갖게 되었다. 그러나 그가 프랜차이즈(홀리데이 인의 이름으로 호텔을 경영할 수 있는 사용 권리)를 허락하기로 하자, 그 결정은 호텔의 개점에 큰 활력을 주었다. 1964년까지 500개의 홀리데이 인이 생겼으며, 1968년에는 1,000번째, 그리고 1972년에는 세계 도처에서 3일에 한 번 꼴로 홀리데이 인을 오픈하였다. 이러한 체인망의 성장은 1979년 그가 심장마비로 회사 경영권에서 물러나기까지 계속되었다.

"어렸을 때 나는 몹시 배가 고팠습니다. 허기를 때우기 위해선 항상 무슨 일이건 해야만 했습니다. 심장마비로 은퇴한 뒤, 나는 집으로 가서 장미 냄새를 맡았죠. 한 달 정도는 참을 만하더라구요."

아무 것도 하지 않고 가만히 있게 한다는 것은 솔선하는 사람들에게 너무나 힘든 것이다.

솔선 만들기

〈리더십의 21가지 불변의 법칙(The 21 Immutable Laws of Leadership : 청우 출판사, 채천석 역, 1999)〉에서 나는 추종자들과의 관계에 있어서 리더가 가져야 할 솔선적 책임을 강조하였다. 하지만 그것만이 리더가 솔선을 보여야 할 것은 아니다. 리더는 반드시 그것을 행할 수 있는 기회를 기다리며 준비해야 한다.

어떠한 덕목이 솔선적인 리더를 만드는가? 나는 기본적으로 네 가지 성향을 보고 있다.

1. 그들은 자신이 원하는 것을 알고 있다

유머가 넘치는 피아니스트 오스카 레반트가 한번은 이러한 재담을 하였다.

"일단 마음을 먹고 나면, 모든 것을 망설이게 됩니다."

안된 일이지만, 실제로 많은 사람들이 이같이 행하고 있다. 우유부단하면서 효율적인 사람은 이 세상에 존재하지 않는다. 이것은 나폴레옹 힐의 말과 같다.

"모든 성취의 출발점은 바라는 마음입니다."

유능한 리더가 되고자 한다면, 자신이 무엇을 원하는지 알아야 할 것이다. 그것은 또한 기회가 왔을 때 그것을 인식하는 유일한 방법인 것이다. 이런 말이 있다. '뜻을 품으면 할 수 있다'. 솔선하는 사람들은 다른 사람이 동기를 부여해 주기만 기다리지 않는다.

자신을 안락한 곳에서 밀어내는 것이 자신의 책임이라는 것을 알고 있기 때문이다. 그리고 늘 그러한 자세로 살아간다. 20세기 위대한 솔선가 중 한 사람인 테오도르 루즈벨트 대통령이 다음과 같은 말을 남길 수 있었던 이유는 바로 그러한 삶 때문이었다.

"이것 외에는 나의 기록에 있어서 뛰어나거나 대단한 것은 아무 것도 없다. 해내야만 한다고 믿는 것을 하는 것… 나는 마음을 먹고 나면, 실행에 옮겼다."

2. 더 많은 위험을 감수한다

자신이 무엇을 원하는 가를 알고, 그것을 행하도록 자신을 독려한다 하더라도, 아직 넘어야 할 장애물이 하나 더 있다. 그것은 바로 위험을 기꺼이 감수하는 자세이다. 적극적이고 활달한 사람들은 언제나 위험을 무릅쓴다. 훌륭한 리더들이 기꺼이 위험을 감수하려는 이유 중 하나는 그들은 자신들이 솔선하지 않는 것에 대한 대가가 반드시 있다는 것을 잘 알고 있기 때문이다. 존.F 케네디 대통령은 이 점을 잘 역설하였다.

"무엇인가를 실행하려고 하는 데는 위험과 비용이 따릅니다. 하지만 그것은 안락한 무위(Comfortable inaction)에 드는 장기적인 위험과 비용보다는 훨씬 적은 것입니다."

3. 더 많은 실수를 한다

솔선하는 사람들에 대한 좋은 소식은 그들이 일을 벌인다는 것이다. 반면에 나쁜 소식은 그만큼 실수를 한다는 것이다. IBM의 창업자 토머스 왓슨은 이런 점을 잘 알고 있었다.

"성공에 이르는 길은 실패를 두 배로 높이는 데 있다."

솔선하는 리더들은 그들이 더 많은 실패를 경험하더라도 그 실패로 괴로워하지 않는다는 것이다. 잠재력이 크면 클수록 실패할 기회도 더 크기 때문이다. 상원의원 로버트 케네디는 다음과 같이 요약하고 있다.

"실패를 조금도 두려워하지 않는 자만이 언제나 큰 성취를 해내 왔습니다."

리더로서 큰 일을 성취하고 싶다면, 자발적인 마음으로 솔선하며 자신을 출발선 상에 세워 놓아야 한다.

점검표

당신은 솔선하는 사람인가? 끊임없이 기회를 찾고 있는가, 아니면 기회가 오기를 기다리고만 있는가? 기꺼이 자신이 지닌 최고의 재능을 바탕으로 대책을 마련해 나가고 있는가? 아니면 항상 모든 것을 분석하기만 하는가? 클라이슬러 회장이었던 리 아이아코카는 이런 말을 하였다.

"아무리 옳은 분석이라도 너무 늦게 이뤄지면, 그것은 잘못된 결정이다."

가장 최근 자신의 인생에 있어서 의미 있는 일을 시도한 것은 언제였는가? 최근 안락한 곳에 머물며 자신을 밀어붙이지 않았다면, 차를 밀어 시동을 걸 듯 자신의 솔선을 점프 스타트(jump-start)해야만 할 것이다.

실천 사항

솔선하기 위한 방법

- 마음가짐을 바꿔라. 솔선이 결여되어 있다면, 타인이

아닌 자신의 내부에서 비롯되는 문제를 파악하라. 무엇 때문에 주저하는지 확인하라. 위험 때문인가? 과거의 실패로 위축되어 있기 때문인가? 혹 기회가 가져다 줄 잠재성을 보지 못하고 있는 것은 아닌가? 주저하는 원인을 찾아 그것을 날려 보내라. 내부로 들어가기 전까지는 절대 외부로 나갈 수 없다.

- 기회를 기다리지 말라. 기회는 결코 문 앞까지 와서 노크하지 않는다. 밖으로 나가 찾아봐야만 하는 것이다. 가지고 있는 자산, 재능, 자원을 가지고 자신의 잠재력을 펼칠 수 있는 일을 하라. 지금부터 일주일 동안 매일같이 기회를 찾아 보라.

필요를 느끼는 곳은 어디인가? 내가 가진 전문 지식을 찾고 있는 사람은 없는가? 내가 제공해야만 하는 것을 애타게 찾고 있을, 하지만 아직 그것을 얻지 못한 사람들은 누구일까? 기회는 어느 곳에나 있다.

- 다음 단계를 취한다. 기회를 엿보는 것과 그 기회를 실천하는 것은 별개의 것이다.

누군가 말한 것처럼, 사람은 모두 샤워 중에 굉장한 생각을 하게 된다. 하지만 아주 소수만이 욕실을 나와 몸을 말리고 생각한 것을 행한다. 자신이 본 기회 중 최고의 기회를 골라, 갈 수 있는 한 끝까지 가라. 그리고 그 기회를 살리기 위해 할 수 있는 모든 것을 해보기 전까지 멈추지 말라.

 1947년 뉴욕, 레스터 운더맨은 자신이 다니던 광고 회사로부터 갑작스런 해고를 당했다. 회사가 제멋대로 내린 결정이었다. 하지만 이 젊은이는 대행사의 사장이었던 맥스 색케임으로부터 많은 것을 배울 수 있다는 것을 알고 있었다. 다음 날 아침 운더맨은 바로 전날처럼 사무실로 돌아와 일을 하였다. 물론 보수는 없었다.

 한 달간이나 그를 무시했던 색케임은 마침내 그에게 다가왔다.

 "좋아, 자네가 이겼네. 돈보다 일자리를 더 좋아하는 사람은 자네가 처음일세."

운더맨은 훗날 금세기 가장 성공한 광고인 중 한 사람이 되었다. 또한 그는 다이렉트 마케팅의 아버지로 알려져 있다.

내일이 주는 잠재성은 오늘의 담대한 한 걸음을 필요로 한다.

11

경청하는 자세

"듣는 것이란 귀를 이용하여
사람들의 마음과 소통하는 것이다."

리더의 귀에는 반드시 사람들의 목소리가 들려야 한다.
- 우드로 윌슨, 미 대통령

훌륭한 리더란 자신을 따르는 사람들에게
자기가 듣고 싶은 것이 아닌, 자신이 알아야 할 것을
말할 수 있도록 격려하는 자다.
- 존 맥스웰

말하는 것만큼이나, 아니 그보다 더 경청하는 자세

가장 크게 영향을 끼친 미국 사람을 뽑으라고 한다면 여러분은 누구를 고를 것인가? 의례 역대 대통령들이 그 명단에 포함될 것이다. 그리고 앨런 그린스팬(Alan Greenspan)이 뽑힐 것이며, 이미 지구상에서 가장 잘 알려진 얼굴이 되어 버린 마이클 조던도 포함될 것이다. 혹자는 빌 게이츠를 꼭 넣어야 한다고 주장하기도 할 것이다. 이제 잠시 책을 덮고, 자신이 뽑을 사람을 생각해 보라. 그리고 그 이름 가운데 어쩌면 생각하지 않았을 이 이름을 포함시켜 보라. 오프라 윈프리.

1985년만 하더라도 윈프리는 잘 알려진 사람이 아니었다. 스필버그 감독의 '컬러 퍼플(Color Purple)'에 등장했고, 지방 방송국 모닝 토크쇼의 진행자로 있었던 그녀는 시카고에서 1년간 이 일을 했다. 그녀가 이룬 성공은 남들과 말을 잘 주고받는 능력 때문이었다.

"사람들과 대화를 나누는 것, 이것이 바로 어느 면에서든 내 자신의 가치를 개발해 왔던 나만의 방법입니다."

윈프리는 어려서부터 이러한 능력 때문에 칭찬을 받았다고 한다.

"두 살 때던가, 교회에서 말하고 있는데 사람들이 이런 말을 했던 게 기억납니다. '저 애 좀 봐, 이야기를 참 잘 하네. 정말 말을 제대로 할 줄 아는 아이네'."

하지만 윈프리는 말하는 것뿐만 아니라 남의 말을 듣는 데 있어서도 자신의 역량 그 이상을 발휘하였다. 실제로 경청하는 능력은 그녀의 삶에 있어서 가장 주된 특성이다. 그녀에게는 고질적인 습성이 있는데, 바로 배우려 하는 것이다. 남의 말을 듣는 그녀의 능력은 작가들의 지혜를 그대로 흡수하면서 시작되었다. 소설과 전기집을 닥치는 대로 읽은 그녀는 다른 사람들이 어떻게 느끼고 생각하고 있는 지를 배웠으며, 그 과정 속에서 자신에 대해서도 배우게 되었다.

허리를 구부리며 듣는 모습은 그녀의 모든 경력 가운데서 그녀를 가장 잘 나타내고 있다. 특히 그녀의 TV쇼에서는 이러한 모습이 더 두드러지게 드러나고 있다. 방송에서 말할 쟁점들을 찾기 위해 그녀는 계속해서 관찰하고 듣는다.

그리고 저명 인사나 작가, 또는 전문가들을 쇼에 초청할 때면 진지한 자세로 그들의 말에 귀를 기울인다. 뮤직 스타 마돈나는 그녀에 대해 이렇게 말하고 있다.

"그녀는 오랫동안 공인으로 살아왔어요. 하지만 대중과 놀라울 만큼 친밀한 관계를 갖고 있어요. 어떻게 그렇게 할 수 있는지 도무지 알 수가 없어요."

그녀의 이러한 친화력은 남의 말을 잘 들음으로써 가능

한 것이다.

오프라 윈프리의 경청하는 재능은 놀라운 성공과 엄청난 영향력을 가져다주었다 그녀는 가장 많은 출연료를 받고 있는 진행자이며 약 5억 달러에 달하는 가치를 인정받고 있다. 미국에서만 매주 삼천 삼백 만 명의 사람들이 그녀의 쇼를 보고 있다.

하지만 그러한 성공에도 불구하고 최근 자신의 쇼를 그만둘 생각까지 했던 그녀는, 대신 프로그램을 대폭 새롭게 하기로 결정하였다. 그녀는 어떻게 변화를 꾀하였을까? 자신의 스텝들에게 물었다고 한다.

"이렇게 계속되어서는 안되겠어요. 프로그램에 변화를 준다는 것은 마치 우리의 삶에 변화를 주는 것과 똑같은 것이에요. 그리고 재미를 더해줄 겁니다. 이제 기지개를 펴고 시작합시다. 어떻게 하면 프로그램을 더 재미있게 만들 수 있을까요?"

스텝들이 내놓은 아이디어 중 유독 한 가지에 대해 많은 의구심이 갔지만, 남의 말을 존중하는 지혜가 있던 그녀는 한 번 추진해 보기로 했다. 그 아이디어는 북 클럽에 관한 것이었다. 아마 여러분도 알다시피, 그 성공은 경이로운 것이었다. 수많은 사람들이 독서를 통해 배우고 성장하였다. 심지어 어떤 사람들은 처음으로 독서를 하게 되었다. 윈프리는 대만족을 하였다. 남에게 가치를 부여하는 것, 그것이 자신이 가진 삶의 목표이기 때문이다. 그녀는 현재 성공을 달리고 있다. 바로, 듣기 때문이다.

경청하는 자세 만들기

〈리더십의 21가지 불변의 법칙〉에서 나는 리더들이 도움을 청하기 전에 마음을 감동시킨다는 것을 강조하였다. 그러나 사람의 마음을 감동시키기 전, 리더는 상대의 마음에 무엇이 있는 지 알아야만 한다. 듣는 것은 그것을 아는 길이다.

남의 말을 듣지 않으려는 태도는 형편없는 리더들이 갖는 공통점이다. 미국 경영학의 아버지로 불리는 피터 드러커는 경영상 발생하는 모든 문제의 60%가 잘못된 의사전달 때문이라고 믿고 있다. 나는 의사 전달이 갖는 거의 모든 문제가 잘 듣지 못한 데서 비롯된다고 본다. 많은 목소리가 우리의 관심을 끌기 위해 외치고 있다. 경청하는 시간을 어떻게 사용할 것인가 생각할 때, 그 목적이 사람들과 접촉하고 배우기 위한 두 가지라는 것을 잊지 마라. 그러한 이유 때문에 우리는 이들을 향해 귀를 열어 놓고 있어야 한다.

1. 자신을 따르는 사람들

사람들이 따르고 싶어하는 좋은 리더는 자신을 따르는 사람들과 교류할 때 비지니스 때보다 더 노력한다. 시간을 들여 모두가 개인적으로 대우 받는다는 느낌을 준다. 체스터필드의 남작 필립 스탠호프는 이렇게 믿고 있었다.

"많은 사람들은 그들의 청을 들어주기보다는 그들의 이야기를 들어주기 바란다."

사실에 대해서만 들으려하는 경향이 있다면 초점을 바꾸고, 정말로 귀를 기울이도록 하라.

2. 고객들

체로키 인디언들이 하는 말 가운데는 이런 말이 있다.

"조용히 속삭이는 사람의 말을 귀담아 들어라. 그러면 당신은 이제 난리 치는 소리를 들을 필요가 없다."

자신의 아이디어에만 사로잡혀서 고객의 관심이나 염려, 불평이나 제안이 전혀 들리지 않는 그런 리더들이 있다. 그저 놀라울 뿐이다. '생각의 속도(Business@the Speed of thought)'에서 마이크로 소프트웨어사(社) 최고 경영자인 빌 게이츠는 다음과 같은 말을 하고 있다.

"불쾌해하는 고객은 가장 관심을 가져야 할 대상이다. 그리고 그들은 당신에겐 최고의 기회이다."

훌륭한 리더는 언제나 자신이 섬기는 사람들과 접촉하는 것을 최우선으로 삼고 있다.

3. 경쟁자들

샘 마크위치가 한 말이다.

"여러분이 내 말에 찬성하지 않는다면 그건 내 말을 조금도 듣지 않았다는 겁니다."

물론 그의 말은 농담이지만, 슬픈 사실은 리더들이 다른 조직을 경쟁자로 여기면서 상대로부터 배울 것은 잊은 채 자신의 주장을 관철시키거나 자신의 입지를 강화시키는 데에만 모든 주력을 한다는 것이다.

래리 킹의 말이다.

"나는 매일 아침 이같이 자신을 상기시킨다. 내가 무엇을 배우려 한다면, 꼭 들으면서 해야 할 것이다."

리더라면, 남이 하는 것을 보고 따라만 하지는 않을 것이다. 하지만, 자신을 개발하기 위해 할 수 있는 것은 계속 해서 듣고, 배워야 할 것이다.

4. 스승들

스승 없이 스스로 뛰어나거나 많은 경험을 쌓을 수 있었던 리더는 단 한 명도 없다. 나 또한 나보다 많은 경험을 가진 리더들로부터 많은 것을 배웠다. 멜빈 맥스웰(나의 부친), 엘머 타운즈, 잭 헤이포드, 프렛 스미스 그리고 오스왈드 샌더즈, 아직 스승이 없다면 당장 밖으로 나가 찾아라. 개인적으로 도움을 줄 사람을 찾을 수 없다면 독서를 통해 구하라. 나도 그렇게 시작하였다. 중요한 것은 이러한 과정을 진행하고 있냐는 것이다.

점검표

당신은 진정한 경청가인가? 처음 리더십을 갖고 일을 했을 당시, 나는 내가 남의 말을 잘 듣는 리더가 아니었다는 것을 알고 있다. 내 일을 처리하고, 일을 벌이기에 나는 너무 바빴다. 하지만, 속도를 늦추고 주위에서 일어나고 있는 일에 더 많은 관심을 둔 뒤로, 내 활동의 초점이 더욱 예리해지고 더 많은 일을 성취하게 된 것을 알게 되었다.

사람들에게 정말로 관심을 갖고 진지한 자세로 그들이 하려는 말을 들은 적은 언제였는가? 사실을 파악하는 데 그쳐서는 안된다. 말 뿐만 아니라 느낌과 의미, 그리고 그 속에 내포된 것까지 들어라.

실천 사항

경청하는 자세를 높이는 방법

- 일정을 바꿔라. 자신을 따르는 사람들, 고객, 경쟁자, 그리고 스승의 말을 듣는 시간이 있는가? 달력에 그들에

대한 표시가 정기적으로 없다면, 그들에게 관심을 두고 있지 않다는 뜻이다. 월간 또는 주간별로 그들과의 시간을 연필로 적어 놓아라.

- 그들의 잔디에서 만나라. 훌륭한 경청자가 되는 열쇠는 사람들과의 공통점을 찾는데 있다. 피고용인이나 고객을 만날 땐 개인적으로 그들에게 질문할 것을 몇 가지 준비하도록 하라. 그들과 접촉점을 형성하기 위해서는 그들이 누구이며, 공통점이 무엇인가를 알아야 한다.

- 말이 담고 있는 뜻을 들어라. 사람들과 교류를 하게 되면, 대화의 실제적인 내용에 관심을 가지려 한다. 그러나 감정적인 내용을 무시해서는 안 된다. 때로는 행간의 뜻을 파악함으로써 실제로 뜻하는 것이 무엇인지 더 잘 알게 된다. 앞으로 이러한 마음을 가지고 경청하도록 해 보라.

루즈벨트 대통령은 행동하는 사람이었다. 그러나 훌륭한

경청가이기도 했다. 그리고 사람들 사이에서 이 점을 십분 발휘하였다. 축제 무도장에서 있었던 일이다. 대통령은 자신의 말을 아무런 생각 없이 그저 즐거운 마음으로 경직된 채 되받는 것이 지겨워졌다. 그래서 그는 사람들에게 미소를 지으며 인사하기 시작했다.

"오늘 아침 할머니를 살해했습니다."

그러나 대부분의 사람들은 그를 만나는 것에 그만 흥분한 나머지, 그가 무슨 말을 하는지 듣지도 못했다. 다만, 한 외교관만이 그의 말을 듣고는 대통령에게 몸을 기울여 이렇게 속삭였다.

"저는 분명 그 할머니가 그런 일을 자초했다고 확신합니다."

우리가 잃은 것을 찾는 유일한 길이 있다면, 그것은 경청하는 것이다.

12

열정
"삶에 열정을 품고 그것을 사랑하라."

리더가 열정을 갖고 손을 뻗칠 때, 언제나 응답하는 열정을 만나게 된다.
- 존 맥스웰

누구나 장난 삼아 할 수 있다. 하지만 그것에 헌신하게 되면,
그 안에 있는 특별한 것이 우리의 피에 흐르게 된다.
그러고 나면, 우리를 막기란 정말로 힘들게 된다.

그의 피에는 피자 소스가 흐르고 있다

〈리더십의 21가지 불변의 법칙〉에서 나는 파파 쟌스의 피자 이야기와 함께, 1984년 존 쉬나터가 설립한 그 회사가 어떻게 창업 7년만에 46개의 저포를 만들고, 또 다음 7년 동안 46개에서 1,600개로 성장했는지 이야기하였다. 두

번째 기간 중에 회사가 이루어 낸 놀라운 성공은 폭발적인 성장의 법칙, 즉 '성장에 더하기를 하려면 따르는 자들을 이끌고, 성장에 곱하기를 하려면 리더들을 이끌라' 는 원리에 의한 것이었다. 그렇다면 첫 기간에서 보여준 성공의 열쇠는 무엇인가?

그 답은 열정이다. 존 쉬나터는 파파 쟌스 피자를 먹을 뿐 아니라 그것을 호흡하고, 그것과 함께 잠자고, 살고 있다. 그의 머릿속은 언제나 피자 생각뿐이었다. 레멘 브라더즈의 분석 연구가인 마이클 스페이서는 Success지(誌)에서 그에 대해 이렇게 말하고 있다.

"피자는 쉬나터의 인생이며, 그는 그것을 매우 신중하게 받아들이고 있다."

쉬나터의 철학은 단순하면서도 직설적이다. 그는 이렇게 조언하고 있다.

"잘하는 것에 집중하십시오. 그리고 남보다 더 잘하십시오."

그가 잘 하는 것은 전세계 동종업계에서 가장 빨리 성장하고 있는 사업을 이끌어 나가는 것이다. 그리고 이것을 너무나 즐기고 있기 때문에 그는 항상 많은 일에 둘러 쌓여 있다.

최근 루이즈빌 시내에 있는 자신의 아내, 앤네트의 프랜차이즈점에 들린 그는 예상 밖으로 주문이 쇄도하는 것을 보았다. 그는 어떻게 했을까? 즉시 주방에 뛰어 들어 한 시간 반 동안 피자 만드는 일을 도왔다고 한다. 피자 만드는 일은 그가 정말로 좋아하는 일이다. 그는 매주 네다섯 번 점포에 나간다. 대개의 경우 사전 연락 없이 나가서, 모든 것이 제대로 되고 있는지 확인한다.

"22살 때 피자 사업에 대한 나의 꿈을 늘어놓으면, 사람들은 내가 미쳤다고 생각했습니다. 상인들이건, 은행이건, 심지어 몇몇 친구들까지도 내가 매달 다섯에서 여섯 개의 점포를 개점할 거라고 말하면, 다들 웃기만 할 뿐이었습니다."

하지만 이제 그는 놀랍게도 한 달에 30개의 점포를 개점하고 있다. 매일 새 점포가 생기고 있는 것이다.

그는 계속 늘려 나가고자 한다. 최근 멕시코에 한 프랜차이즈점이 오픈을 하였다. 그는 베네수엘라, 푸에리토 리코, 그리고 다른 나라의 시장에도 진출할 계획을 하고 있다. 세상에서 가장 많이 팔리는 피자 회사가 되기 전까지 그는 멈추지 않을 것이다. 그가 분명 그렇게 할 수 있는 것은 피자를 사랑하고 자신의 모든 것을 바치기 때문이다.

열정 만들기

사람들의 성공 요인을 찾기 위해 전문가들은 많은 시간을 들여 연구한다. 종종 그들은 성공하는 사람들의 증명서나 지력 또는 교육이나 다른 요소들을 눈여겨본다. 하지만 RCA의 데이빗 사로노프는 다음과 같이 주장한다.

"자신의 일을 사랑하지 않고 성공하는 사람은 아무도 없다."

유능한 리더들의 삶을 살펴본다면, 그들이 전형적인 리더의 틀에 박혀있지 않음을 종종 볼 수 있다. 한 예로 포춘지(誌) 선정 500대 기업의 초고 경영자 중 50퍼센트 이상은 대학에서 평점 C나 C-를 받은 사람들이다. 그리고 미 대통령의 거의 75퍼센트는 학교 시절 중간 이하의 성적을 받았던 사람들이다.

또한, 백만장자 기업가의 50퍼센트 이상은 대학을 졸업하지 않은 사람들이다. 평범하게 보일 수밖에 없는 이들로 하여금 엄청난 일을 성취하게 한 것은 무엇인가? 그 답은 열정이다. 리더의 삶에서 열정의 자리를 대신할 것은 아무것도 없다.

열정에 관한 다음 네 가지 진리를 보라.

1. 열정은 성취를 위해 내딛는 첫 걸음이다.

소망은 인생을 결정한다. 위대한 리더들을 생각해 보라. 그들의 열정에 압도될 것이다. 인권을 향한 간디, 자유를 향한 처칠, 평등을 향한 마틴 루터 킹 Jr., 그리고 테크놀로지(역자주 : 사회 집단이 기술 문명의 혜택을 이용하는 방법의 총체)를 향한 빌 게이츠.

평범을 뛰어넘은 삶을 사는 사람들 속에는 큰 열망이 있다. 그것은 어느 곳에서나 적용되는 말이다. 마치 작은 불이 작은 열을 내는 것처럼 약한 소망은 약한 결과를 얻는다. 불이 강하면 강할 수록 더 큰 소망을 갖게 되며, 더 큰 잠재력을 갖게 되는 것이다.

2. 열정은 의지력을 키운다

생활에 어떤 열정도 없는 젊은이가 그리스의 철학자 소크라테스를 찾아가 이렇게 말했다고 한다.

"오, 위대한 소크라테스여, 지혜를 구하러 당신에게 왔나이다."

철학자는 그 젊은이를 데리고 바다로 내려가 그와 함께 물 속을 걸어가다가 그를 빠뜨린 다음 30초간 잠기게 하였다. 그리고 숨을 쉬게 하면서 무엇을 원하는지 다시 물었다.

"지혜요, 오 위대한 성인이여."

그는 재빨리 말했다. 소크라테스는 다시 그를 물 속에 잠기게 한 뒤, 이번에는 아까보다 더 오랫동안 있었다. 이렇게 수 차례를 반복한 뒤, 다시 물었다.

"무엇을 원하느냐?"

마침내 숨을 헐떡거리며 젊은이가 말했다.

"공기요, 숨을 쉬고 싶어요."

"좋아, 지금처럼 공기를 원하는 만큼 지혜를 원한다면, 얻을 수 있을 거야."

열정을 대신할 수 있는 것은 아무 것도 없다. 열정은 의지의 연료이다. 어떤 것을 너무나 원하고 있다면, 그것을 성취할 수 있는 의지력을 찾게 될 것이다. 그러한 열망을 갖는 유일한 길은 열정을 높이는 것이다.

3. 열정은 자신을 변화시킨다

다른 사람들의 인식 대신 자신의 열정을 따른다면, 더욱 더 헌신적이고 생산적인 사람이 될 수밖에 없다. 그리고 그것은 다른 사람에게 영향을 주는 능력을 키워준다. 결국 열정은 자신의 인격보다 더 많은 영향력을 갖게 될 것이다.

4. 열정은 불가능한 것을 가능하게 한다

인간이란 무엇인가 그 영혼을 태울 때, 불가능한 것들이 사라지도록 만들어진 존재다. 마음속의 불은 삶의 모든 것을 끌어올린다. 바로 이것이 열정적인 리더들이 유능한 이유이다. 기술은 없지만 커다란 열정을 가진 리더는, 기술은 아주 좋지만 열정이 없는 리더를 언제나 능가하기 마련이다.

점검표

열정이 갖는 힘에도 불구하고, 우리 사회의 많은 사람들은 열정에 대해 무언가 의심스럽다는 태도를 갖고 있는 듯하다.

사회학자인 토니 캄폴로는 이렇게 말했다.

"물질주의적일 뿐 아니라 그보다 더 못한 우리 나라의 풍토가 만들어 낸 특별한 과정 속에 우리들은 묶여 있다. 우리는 감정적으로 죽은 사람들이다. 노래를 부르지도, 춤을 추지도 않으며, 심지어는 열중으로 인한 죄조차 짓지 않는다."

당신의 모습에는 열정이 있는가? 매일 아침 일어날 때마다, 하루를 열심히 살고 싶어하는가? 일주일을 시작하는 월요일이 가장 좋은가? 아니면, 주말만을 바라보며 졸며 걷듯 매일 매일 틀에 박힌 삶을 살고 있지는 않는가? 떠오른 아이디어 때문에 너무 흥분한 나머지 잠을 이루지 못한 적은 언제였는가?

열정이 삶의 질이 아니라고 생각한다면, 리더로서 어려움을 겪게 될 것이다. 진리는 우리가 열정을 품고 있지 않는 일에 대해 결코 주도해 나갈 수 없다고 말한다. 자신 안에 불이 타고 있지 않는 한, 자신의 조직에 불을 붙일 수는 없는 일이다.

실천 사항

열정을 키우기 위한 방법

- 자신의 열정 지수를 확인하라. 자신의 일과 삶에 얼마나 열정적인가? 그 열정이 보이는가? 몇몇 동료와 배우자에게 자신의 열정 정도를 물어 정직하게 평가해 보라. 열정이 삶을 변화시킨다는 사실을 믿기 전까지는 열정적일 수 없다.

- 첫 사랑을 회복하라. 많은 사람들은 삶과 환경으로 인해 궤도에서 이탈하게 된다. 사회에 나와 처음 일을 시작하던 때를 생각해 보라. 아니 더 나가 아주 어렸을 때를 생각해 보라. 내가 정말로 열중했던 것은 무엇이었나? 어떻게 그렇게 많은 시간 동안 일을 할 수 있었는가? 과거의 열심을 되찾도록 하라. 그리고 과거의 멋진 열정의 빛으로 자신의 인생과 일을 조명하라.

- 열정을 소유한 사람들과 만나라. 다 아는 이야기지만,

새들도 끼리끼리 모인다. 불을 꺼뜨렸다면, 불을 지피고 있는 사람들 곁으로 가라. 열정은 전염된다. 열정으로 당신을 전염시킬 수 있는 사람과 만날 시간을 정하라.

1916년 빌리 밋첼 장군은 항공 섹션(2개 분대)에 배속되었다. 그곳에서 그는 비행하는 법을 배웠고, 그것은 삶의 열정으로 바뀌었다. 세계 1차 대전 당시만 하더라도 비행기의 역할은 아직 미미한 것이었지만, 그는 항공의 힘이 갖고 있는 군사적 잠재력을 내다보았다. 전쟁이 끝나자, 그는 공군을 창설하게 하는 운동을 하였다. 계속해서 비행기가 할 수 있는 일을 설명하고 설명하였지만, 강한 거부와 저지를 받게 되었다. 설상가상으로 1925년 군사 법정에 서게 된 그는 끝내 일년 뒤에는 군복을 벗고 말았다. 다만, 세계 2차 대전이 끝난 뒤에야 비로소 혐의를 벗을 수 있었고, 사후에 명예 훈장을 받게 되었다. 그는 기꺼이 자신이 옳다고 알고 있는 것을 행하기 위해 모든 대가를 치른 사람이었다.

13

긍정적인 태도
"할 수 있다고 믿으면, 할 수 있다."

우리 세대의 가장 위대한 발견은, 마음가짐을 바꿈으로써
그 인생을 바꿀 수 있다는 것이다.
- 윌리엄 제임스, 심리학자

성공하는 사람이란 남들이 자신에게 던지는 벽돌로
튼튼한 기초를 쌓는 사람이다.
- 데이빗 브링클리, TV 컬럼니스트

땀과 영감, 그 이상의 것

Life지는 그를 밀레니엄 일인자로 꼽았다. 그가 창안해 낸 발명의 수는 우리를 놀라게 한다. 모두 1093개. 그는 세상 누구보다 많은 특허를 가졌으며 64년간 매년 한 개 이상의 특허를 출원한 사람이었다. 또한 그는 근대적 의미의

리서치 연구소를 발전시키기도 하였다. 토마스 에디슨(Thomas Edison). 바로 그 사람의 이름이다.

대부분의 사람들은 에디슨의 이러한 능력을 창조적 성향을 갖춘 천재성 때문이라고 믿고 있다. 하지만 그는 이 모든 업적을 열심히 일한 덕분이라고 잘라 말했다.

"천재는 99%의 땀과 1%의 영감으로 만들어진다."

그가 남긴 천재의 정의다.

필자는 그의 성공이 열심 외에 또 다른 제 3요소의 덕분이라고 믿고 있다. 그것은 그의 긍정적인 태도이다. 에디슨은 사물을 볼 때 항상 그것이 갖고 있는 가장 최고의 것을 보았던 낙천주의자였다. 한 번은 이런 말을 한 적이 있다.

"우리의 능력으로 할 수 있는 일을 모두 해 낸다면 우리는 정말 놀라운 일을 할 것입니다."

백열 전구에 맞는 소재를 찾기 위해 1만 번의 실험을 했을 때, 그는 그 실험 결과들을 실패로 보지 않았다. 매 실험마다 작동하지 않는 이유에 대한 정보를 모았고, 그럼으로써 해결점에 점점 가까이 다가가게 되었다. 그는 한 번도 자신이 해결점을 찾지 못할 것이라고 의미한 적이 없었다.

그의 신조는 그가 한 말로써 이렇게 잘 집약될 수 있을 것이다.

"삶에 실패한 사람 중 많은 이들은 그들이 포기할 때 자신이 얼마나 성공에 가까이 왔는 지를 깨닫지 못한 사람들입니다."

에디슨의 긍정적인 삶의 태도는 그가 60대 후반이었을 때 발생했던, 한 비극적인 사건을 통해 잘 나타난다. 뉴저지주 웨스트 오렌지에 그가 세운 연구소는 세계적으로 유명한 것이었다. 그는 14개 동으로 된 복합 건물 단지를 자신의 발명 공장이라고 불렀다. 본관 건물은 참으로 거대했다. 크기가 미식 축구장 3배보다 큰 이 운영 본부에서 그와 스텝진은 발명품들을 창안하고 그 원형들을 발전시키고 물건을 만들어서 소비자들에게 납품하였다. 바로 현대적 의미의 '연구와 제조'의 모델이었던 것이다.

에디슨은 그 곳을 무척 좋아했다. 아니, 그는 그 곳을 사랑했다. 할 수 있는 한 일 분 일 초라도 그 곳에서 지내려 하였다. 심지어는 그 곳에서 잠을 자기도 했는데, 주로 연구실 테이블 위였다고 한다.

그러던 1914년 12월 어느 날, 그가 그토록 사랑하던 연구소에 화재가 발생했다. 밖에서 연구소가 타는 것을 바라보던 그는 이렇게 말했다고 한다.

"얘들아, 어머니를 좀 모셔 오너라. 우리 생전에 이런 불구경을 다시는 볼 수 없으니."

다른 사람 같으면 완전히 좌절했겠지만, 에디슨은 달랐다.

"내 나이, 이제 예순 일곱이오. 아직 새 출발을 못할 만큼 늙지는 않았소. 나는 평생 이런 일들을 숱하게 이겨 냈다오."

화재가 끝난 뒤 남긴 말이다. 그는 연구소를 재건립하였고, 그 뒤로 17년 동안 일을 계속하였다.

"내게 아이디어는 아직도 많이 있습니다. 하지만 시간은 그렇지 않아요. 딱 100살까지만 살았으면 합니다."

그러나 84세의 일기로 그는 세상을 떠났다.

긍정적인 태도 만들기

만일 긍정적인 사람이 아니었다면 에디슨은 결코 발명가로서 성공하지 못했을 것이다. 어느 분야에서건 지속적인 성공을 유지한 사람들의 삶을 살펴본다면, 우리는 그들의 삶 속에서 긍정적인 모습을 쉽게 발견하게 될 것이다. 누구든지 유능한 지도자가 되길 원한다면, 긍정적인 태도를 갖는 것은 필수적인 것이다. 긍정적인 태도, 이것은 개인으로서 삶의 만족도를 결정할 뿐 아니라 다른 사람들과 교류하는데도 큰 영향을 미친다. 긍정적인 것이 무엇을 의미하는지를 더 잘 알기 위해서는 다음의 것들을 생각해 보아야 할 것이다.

1. 태도는 선택이다

일반적인 사람은 누군가 자신에게 동기를 부여해 줄 사람을 기다리려 한다. 그리고 자신의 사고 방식은 전적으로 그가 처한 환경 때문이라고 여긴다. 하지만 생각해 보라. 무엇이 먼저인가? 태도인가, 아니면 환경인가? 그것은 닭이 먼저냐 달걀이 먼저냐를 따지는 것과 같은 질문이다.

중요한 것은 무엇이 먼저이건 그것이 우리의 삶에 영향을 미치는 진리와는 아무런 상관이 없다는 것이다. 어제 무슨 일이 생겼건, 오늘 우리가 취하는 태도는 바로 우리의 선택인 것이다.

심리학자 빅톨 프랭클은 이같이 확신하였다.

"인류의 마지막 자유는 어떤 상황에서건 우리가 우리의 태도를 선택할 수 있다는 것이다."

그는 이 말이 담고 있는 진리를 알고 있던 사람이었다. 나찌 죽음의 수용소에서 죽음을 모면하고 온갖 시련을 통과한 프랭클은 절대로 자신을 저하시키는 태도를 용납하지 않았다. 그가 좋은 태도를 유지할 수 있었다면, 우리도 그렇게 할 수 있는 것이다.

2. 태도가 행동을 결정한다

가정 문제 전문인, 데니스 웨이틀리는 이 주제에 대해 다음과 같은 말을 하였다.

"승리자의 강점(edge)은 타고난 재능이나 높은 IQ에 있는 것이 아니다. 그것은 적합성(aptitude)에 있는 것이 아니라 전적으로 그의 태도(attitude)에 달려있다. 태도는 성공의 기준인 것이다."

태도는 가장 결정적인 요소이다. 왜냐하면 그것은 우리의 행동을 결정짓기 때문이다.

3. 사람들은 바로 그 리더의 태도를 반영하는 거울이다

나를 언제나 황당하게 만드는 사람들이 있다. 자신은 바람직한 태도를 보이지 못하면서도, 자신이 이끄는 사람들은 낙관적이기를 바라는 부류의 리더들이다. 자력의 법칙(the Law of Magnetism)은 조금도 틀림없는 말이다. 현재의 여러분은 바로 여러분이 끌어들인 자신인 것이다.

에디슨의 삶을 살펴보면, 그의 긍정적인 태도와 열중은 그에게 연료가 되었을 뿐 아니라, 그와 함께 일하는 사람들에게도 그들이 성공할 때까지 계속해서 포기하지 않는 생각을 심어주었다. 그는 의도적으로 그러한 기질을 다른 사람에게 전하려 하였다. 다음 그의 말은 이러한 생각을 잘 나타내고 있다.

"만약 우리가 우리의 아이들에게 남겨주는 유일한 것이 열중할 수 있는 기질이라면, 우리는 그들에게 값으로 따질 수 없는 재산을 남겨주는 것입니다."

4. 현재의 좋은 태도를 유지하는 것이 또 다른 태도를 취하려는 것보다 쉬운 일이다

유진 피터슨은 대지와 제단(Earth and Altar)에서 이렇게 쓰고 있다. '연민은 인간이 가질 수 있는 가장 고귀한 감정 중 하나다. 그러나 자기 연민은 아마도 가장 수치스러운 것일 것이다.…그것은 우리가 인식한 실체를 심하게 왜곡시키는 무능이며 생각을 절름발이로 만드는 감정의 병이다.…그리고, 그 중독자를 소모시키고 유기해 버리는 일종의 최면술이다.'

만일 긍정적인 태도를 갖고 있다면, 계속해서 그 태도를 지켜 나가도록 하라. 그리고 최고만 요구되는 어려운 상황에 처해 있다 하더라도, 결코 비관하지 말라. 우리의 태도는 우리가 택한 것이기 때문에 언제든 좋게 바꿀 수 있다.

점검표

영국의 심장 전문 외과 의사였던 마틴 로이드 죤스는 이런 말을 남겼다.

"인생의 가장 큰 불행은 우리가 자신한테 말하기보다는 자신한테 귀를 기울인다는 사실에서 기인한다."

당신은 어떤 목소리를 듣고 있는가? 사람들을 만날 때마다, 그들이 자신을 무시할 것이라고 스스로에게 말하고 있지는 않는가? 새로운 경험을 할 때마다, 머릿속에서부터 실패할 것이라는 소리가 들리지는 않는가? 만일 부정적인 메시지가 계속해서 들린다면, 스스로에게 긍정적인 격려의 말을 들려주는 법을 배워야 할 것이다. 자신의 태도를 재정립하는 가장 좋은 방법은 삶에 있어서 부정적인 곁길로 빠져나가지 않도록 마음을 동여매는 것이다.

실천 사항

태도 개선을 위해 할 일

- 바른 음식을 섭취하라. 긍정적인 것에 굶주려 왔다면, 우선 동기부여의 식단을 짜서 규칙적으로 섭취하라. 긍정적인 태도를 독려하는 책을 읽고, 동기 부여에 관한 테입을 들어라. 부정적이면 부정적일 수록 그것을 바꾸는 시간

은 더 오래 걸린다. 하지만 바른 음식을 계속 섭취한다면, 긍정적인 사고의 소유자가 될 것이다.

- 매일 매일 목표를 달성하라. 어떤 사람들은 자신이 진보하고 있지 않다고 느끼기 때문에 소극적인 성격(negativity)이란 판에 박혀 살고 있다. 만일 자신이 그렇다면, 우선 매일 매일 성취할 수 있는 목표를 세워라. 긍정적인 성취를 이루기 위한 패턴을 마련하다 보면, 긍정적인 사고를 형성한 자신을 보게 된다.

- 목표를 적어 벽에 붙여라. 우리에게는 계속해서 바른 생각을 할 수 있도록 하는 암시가 필요하다. 〈뿌리〉의 작가 알렉스 헤일리는 자신의 사무실에 '말뚝 위에서 허우적거리는 거북이' 그림을 붙여 놓고, 모든 사람은 다른 사람의 도움이 필요하다는 것을 잊지 않았다고 한다.

프로 운동 선수들을 보면, 그들에게 엄청난 재능이 있다는

것을 알 수 있다. 하지만 훌륭한 선수를 최고의 선수로 만드는 것은 마음이다. 테니스 스타, 크리스 에버트(Chris Evert)를 보라. 가장 위대한 여성 운동 선수 중 한 명인 그녀는 18차례나 그랜드 슬램 타이틀을 거머쥐었고, 통산 1,309승 146패의 위대한 기록을 남겼다. 17년 간의 선수 생활 동안 단 한 번도 랭킹 4위를 내려간 적이 없었던 그녀는 이 같은 말을 하였다.

"훌륭한 선수와 위대한 선수의 차이는 정신적인 태도에서 판가름납니다. 어쩌면 이것은 경기 전체에서 2~3포인트 정도만 영향을 미칠 겁니다. 하지만 바로 그 키(Key)포인트를 잡느냐 잡지 못하느냐가 경기의 승패를 수없이 좌우합니다. 마음을 강하게 먹는다면, 누구나 원하는 것을 거의 해낼 수 있습니다."

지금 당신은 이 키(Key)포인트를 잡을 준비가 되어 있는가?

14

문제 해결

"절대 문제를 문제로 만들지 말라."

리더의 그릇은 그가 씨름하고 있는 문제로 가늠할 수 있다.
그는 항상 자신의 치수에 맞는 것을 고른다.
- 존 맥스웰

: 성공의 척도는 '어려운 문제를 다루고 있다.' 가 아닌
'작년과 동일한 문제를 다루고 있다' 로 정해진다.
- 쟌 포스터 델즈, 전 국무장관

마지막은 없다

월마트(Wal-Mart)의 창업자 샘 월튼(Sam Walton)은 미국 소매상의 적(enemy of small town America), 주요 거리 상가의 파괴자(destroyer of Main Street merchants)등 여러 가지 별명이 붙은 사람이다.

"월마트가 한창 성장하던 시기에는 그보다 작은 상점들의 상당수가 문을 닫았죠."

월튼은 사실을 인정하였다.

"어떤 사람들은 이것을 크게 문제화시켰습니다. 이를테면, '소매상을 살리자' 라는 것과 같은 것이었죠. 마치 고래나 두루미를 보호하자는 운동처럼 말입니다."

하지만 사실은 월튼도 그가 자신들을 몰아냈다고 비난을 했던 주요 거리 상가 주인이었으며, 소매상이었다. 다만 그들과 차이점이 있었다면, 그는 가게문을 닫는 대신 문제를 해결하고 바꿀 수 있었던 훌륭한 리더였다는 것이다.

샘 월튼은 오클라호마주 킹휘시(Kingfish)에서 태어나 미주리주 콜롬비아에서 자랐다. 고등학교 시절 그는 학생회장으로, 시즌 내내 무패로 주(洲) 챔피언이 되었던 미식축구팀의 쿼터백으로, 마찬가지 주(洲) 우승팀이었던 농구팀의 단신(5피트 9인치) 주장으로 리더십을 발휘했었다.

대학 졸업 뒤, 몇 년간 직장생활을 하던 그는 2차 대전에 참전하였고, 제대 후 자신이 그토록 원하는 현장에서 소매업을 하기로 작정한다. 아내를 데리고 알칸사스주(洲) 벤토빌의 작은 마을로 향한 그는 'Walton's Five and Dime'

이란 잡화점을 연다.

사업은 잘 되었다. 그의 부지런함도 있었지만, 당시로서는 신개념이라 할 수 있는 셀프서비스 방식으로 가게를 운영하는 선견지명을 갖고 있었기 때문이었다. 그는 열심히 일을 했고, 계속해서 가게를 벌려나갔다. 1960년까지 그는 15개의 점포를 갖게 되었다. 하지만 바로 그 때 새로운 경쟁자가 나타났다. 허브 깁슨(Hern Gibbson)이라는 할인매장들이 알칸사스주(洲)의 북서 지역에 생겨난 것이다. 그들은 바로 월튼의 잡화점들과 경쟁하기 시작했다.

"우리로서는 두 가지 선택 밖에 없었죠. 잡화점으로 머물러 있으면서 할인점의 파도에 강타 당하느냐 아니면 우리도 할인점을 여느냐였습니다. 그래서 저는 전국을 돌아다니며 할인 매장의 개념을 공부했습니다. 그리고는 1962년 7월 2일 알칸사스주(洲) 로저스에 월마트 1호점을 만들었습니다. 바로 벤토빌에서 길 하나 내려간 곳이었죠."

월튼은 곧 체인점들을 추가로 열기 시작하였다. 그의 월마트 체인점은 같은 시기에 시작했던, K마트 타겟 그리고 울코(Woolco)의 체인점에 비해 작았다. 하지만 점점 강해졌다. 그리고 그것은 다음 단계의 문제를 가져 왔다. 월튼은 창고 계획과 분배에 대한 개선의 필요성을 느끼게 되었다. 그와 월마트 사람들은 중앙 분배 센터들을 만들어 이 문제를 해결하였다. 뿐만 아니라 컴퓨터를 이용하여 각 점포마다 필요한 것을 찾으며, 물건을 대량으로 구입하고, 또 그것을 신속하고 효율적으로 분배하게 하였다. 새로운 장비와 상품 분배 창고 구분으로 엄청난 비용을 지출하게 되었지만, 월튼은 1970년 주식을 상장함으로써 그 문제를 해결하였다. 1992년 그가 세상을 떠났을 때, 회사는 42개 주(洲)와 멕시코에 1,700개의 체인점을 운영하게 되었다. 동네 잡화점 주인이었던 샘 월튼이 미국 제일의 소매상이 되었던 것이다. 그가 죽고 난 이후에도 회사는 계속해서 강력하게 운영되고 있다. 경영진들은 계속해서 일어나는 문제를 해결하며 월마트와 또 다른 소매 체인점인 샘즈 클럽의 계속적인 성장을 추진하고 있다.

문제 해결 능력

샘 월튼 같은 유능한 리더들은 항상 도전하려 한다. 이것은 승자(winner)와 우는 소리를 하는 사람(whiner)을 갈라

놓는 요인 중 하나다. 다른 소매상들은 경쟁이 치열해지는 것을 보고 불편했지만, 월튼은 창의성과 끈질김을 갖고 자신의 문제를 해결함으로써 수면 위로 부상할 수 있었다. 어떤 분야건 리더는 문제를 만나게 되어 있다. 그리고 세 가지 이유에서 그 문제를 피할 수 없다. 첫째는, 우리가 점점 더 복잡하고 다양해져 가는 세상에 살고 있다는 것이다. 둘째는, 사람들과 교류한다는 것이다. 셋째는, 우리가 직면하는 모든 상황을 통제할 수 없다는 것이다.

훌륭한 문제 해결 능력을 갖춘 리더들은 다음의 다섯 가지 특성을 보여주고 있다.

1. 그들은 문제를 기대하고 있다.

문제란 어쩔 수 없는 것인 만큼, 훌륭한 리더들은 문제를 예측한다. 하지만 길이 쉬울 거라고만 예상하는 사람은 결국 곤경에 처할 수밖에 없게 된다. 아프리카 선교사였던 데이빗 리빙스턴에 관한 이야기는 리더에게 필요한 태도를 잘 보여주고 있다. 한 선교 기관에서 리빙스턴 박사를 도울 사람들을 보내고자 하였다. 그래서 그 기관의 책임자가 이러한 편지를 보냈다.

"혹시 박사님 계신 곳으로 갈 수 있는 좋은 길이 있는지요? 그 길이 있다면, 박사님과 함께 일할 사람들을 보내드리고자 합니다."

리빙스턴은 이렇게 답장을 보냈다.

"만일 그들이 좋은 길이 있다는 것을 알아야만 이곳에 오려는 사람이라면, 저는 그들이 필요하지 않습니다. 제게 필요한 사람은 길이 전혀 없어도 오려는 사람입니다."

적극적인 태도를 가지면서, 최악의 경우를 대비한 계획을 세운다면, 앞으로 나타날 문제들을 해결하는 데 있어서 좋은 위치를 점유하게 될 것이다.

2. 그들은 사실을 받아들인다

사람들이 문제를 대하는 반응은 이러하다. 첫째, 문제를 받아들이지 않는다. 둘째, 문제를 받아들이고, 그 문제와 함께 지낸다. 셋째, 문제를 받아들이고 개선하려고 노력한다. 리더라면 반드시 셋째 반응을 보여야만 한다.

방송가인 폴 하베이는 이렇게 말했다.

"곤경에 처할 때는 언제나 지금 같은 때가 있었다는 것을 기억하는 것이 좋다."

자신의 머리를 모래 속에 처박고 사람들을 이끌고 항해할 수 있는 리더는 아무도 없다. 유능한 리더는 현실적 상황에 대처하려 한다.

3. 그들은 그림을 크게 본다

리더라면 반드시 그림을 크게 보아야 한다. 결코 감정에 의해 압도되는 것을 용납해서는 안될 것이다. 또한 사사로운 것 때문에 중요한 것을 놓치는 우를 범해서도 안될 것이다. 작가인 알프레드 아맨드 몬타퍼트의 말이다.

"다수의 사람들은 장애물을 보지만 소수의 사람들은 목표를 본다. 역사는 후자의 성공을 기록하고 있다. 다만, 전자에 대한 상이 있다면, 그것은 잊혀짐이다."

4. 그들은 한 번에 한 가지씩 한다

리챠드 슬로마는 이런 충고를 하였다.

"절대 한번에 모든 문제를 해결하려 하지 말라. 한 가지씩 한 가지씩 순서를 정해 놓고 하라."

곤경에 처하는 리더들은 대개 문제의 크기에 압도당해서 문제 해결의 겉만 빙빙 돌고 있는 자들이다. 많은 문제에 직면해 있는가? 그렇다면 다음 문제로 넘어가기 전, 현재 일하고 있는 것을 정말로 해결할 수 있다는 확신을 스스로에게 심어라.

5. 그들은 상황이 어려울 때 자신의 주목표를 포기하지 않는다

유능한 리더는 'Peak to Peak' 원리를 잘 이해하는 사람이다. 그들은 자신의 리더십이 긍정적인 진척을 이루어 나갈 때 중요한 결정을 내린다. 결코 어두운 시기에서는 결정하지 않는다. NFL(미국 프로 풋볼 리그) 풀백인 밥 크리스챤의 말이다.

"훈련 캠프에 있을 동안에는 한번도 '지금이 은퇴해야 할 때인가' 라는 질문을 하지 않는다."

그는 음침한 골짜기에 있을 때에는 포기하지 말아야 한다는 것을 알고 있는 사람이다.

점검표

작가 죠지 매튜 애덤즈는 이런 말을 하였다.

"현재 당신이 생각하는 것은 당신의 삶 속에 있는 그 어떤 것보다 많은 것을 의미합니다. 당신의 수입, 사는 곳, 사회적 지위, 그리고 어떤 사람이라도 당신에 대해 생각할 수 있는 것. 이 모든 것보다 더 많은 것을 의미합니다."

모든 문제는 우리에게 자신을 제대로 보게 만들어 준다. 문제는 우리의 사고 구조와 사람됨을 보여준다. 문제와 맞닥뜨리게 될 때, 여러분은 어떠한 반응을 보이는가? 문제를 무시한 채, 그것이 그저 사라져 버리기만을 바라는가? 또는 문제를 해결하는 데 무력함을 느끼는가? 과거에 문제를 해결하려다가 그만 포기해버린 쓰라린 경험이 있는가? 아니면, 기꺼이 그 문제를 향해 돌진하는가? 문제를 효과적으로 해결하는 능력은 장애물과 맞닥뜨려 그것을 뛰어넘음으로써 조금씩 길러져간다. 매번 다른 문제를 해결할 때마다, 조금씩 그 과정을 잘해 나가게 되는 것이다. 하지만 한번도 시도해 보지 않거나 실패를 경험하지 않거나 다시 해 보려 하지 않는다면, 결코 문제를 잘 헤쳐나갈 수 없을 것이다.

실천 사항

문제 해결 능력을 향상시키기 위한 방법

- **어려움이 되는 것을 찾아라.** 지금껏 문제를 피하기만 했다면, 문제를 찾아 나가 보라. 문제를 다루는 경험을 쌓을 수 있을 때만 문제를 잘 해결할 수 있게 된다. 개선되어야 할 점들을 찾고, 몇 가지 가능한 해결책을 강구하며, 문제 해결에 많은 경험을 갖고 있는 리더에게 갖고 가라. 그가 내려주는 결정으로부터, 그가 어려운 일들을 어떻게 다루는 지 배우게 될 것이다.

- **방법을 발전시켜라.** 문제를 해결하는 데 있어서, 어떤 사람들은 어떻게 달려들어야 할지 몰라 어려움을 겪기도 한다. 그렇다면 다음의 TEACH 과정을 적용해 보라.

Time(시간) : 실질적인 쟁점을 다루는데 시간을 쏟아라.
Exposure(문제 해결책에 자신을 노출) : 다른 사람들이 해결한 것을 찾아보아라.

Assistance(협조) : 모든 각도에서 팀이 함께 연구하도록 하라.

Creativity(창조성) : 브래인 스토밍 방법을 이용하여 많은 해결 방안을 찾아라.

Hit It(실행) : 최선의 해결책을 실행하라.

- 문제 해결사들을 가까이 하라. 만일 자신이 훌륭한 문제 해결사가 아니라면, 문제를 잘 해결하는 사람들을 팀에 영입하라. 그들은 여러분의 약점을 보완할 것이며, 여러분 또한 그들로부터 배우게 될 것이다.

권투 선수 젠 터니는 잭 뎀프시와 싸워 현격한 기술 차이로 세계 헤비급 챔피언 자리에 올랐다. 하지만 대부분의 사람들은 터니가 권투를 시작했을 때, 강펀치의 소유자였다는 사실을 모르고 있다. 그는 프로로 전향하기 전, 그 양손을 모두 부러뜨리고 말았다. 의사와 매니저는 세계 챔피언이 될 가망이 전혀 없다는 말을 그에게 하였지만, 그는 그들의 말에 전혀

개의치 않았다.

그는 이렇게 말했다.

"내가 만일 한 방으로 챔피언이 될 수 없다면, 그것을 테크닉으로 해내겠다."

기술을 연마한 그는 결국 챔피언이 되었고, 역대 가장 뛰어난 테크닉을 갖춘 챔피언 중 한 명으로 인정받게 되었다.

결코 자신의 꿈으로 향하는 길에 다른 사람들이 장애물을 놓도록 용납해서는 안될 것이다.

15

관계

"만일 홀로 모든 것을 취한다면,
모두 함께 그대를 홀로 두고 떠날 것이다."

성공 공식에 있어서, 가장 중요한 요소는
사람들과 어울리는 방법을 아는 것이다.
- 테오도르 루즈벨트, 미 대통령

당신이 얼마나 많은 관심을 갖고 있는가를 알기 전까지는,
당신이 얼마나 많이 알고 있는지에 대해 사람들은 관심을 갖지 않는다.
- 존 맥스웰

최고의 의학

당신이 내과 의사라면, 아마 윌리엄 오슬러라는 이름을 들어보았을 것이다. 그는 의학 박사이자 대학 교수로, 1919년 70세의 일기로 세상을 마감할 때까지 강단에서 가르치고 병원을 운영했던 의사이자 작가였다. 그의 저서〈

의학의 원칙과 실습(Principles and practice of Medi cine)〉이란 책은 모든 영어권 국가는 물론 중국과 일본의 내과의(內科醫) 수련 과정에 40년 이상이나 그 영향을 미쳤다. 하지만 그것이 그가 세상에 기여한 가장 큰 공로는 아니다.

오슬러는 의료 행위에 인간의 심성을 다시 심어 놓는 일을 하였다. 오슬러의 리더십에 대한 성향은 아주 어려서부터 잘 나타나고 있다. 그는 천성적으로 무엇인가를 주도해 갔으며, 고등학교 때는 가장 영향력 있는 학생이었다. 또한 사람들에게 항상 신비에 가까운 능력을 보여주었다.

그가 하는 모든 것은 관계 형성의 중요성을 말해 주고 있었다. 나이가 들고, 의사가 되자 그는 미국 내과 의사 협회를 결성하였다. 전문의사들이 함께 모이고 정보를 나누며 서로를 돕기 위함이었다. 또한 교수로서 그는 당시 의과대학들이 따르던 방식을 바꾸어 놓았다. 우선 그는 학생들을 딱딱한 강의실에서 병동으로 데리고 나와 환자들과 교류하게 하였다. 그는 학생들이 환자로부터 가장 빨리, 가장 확실하게 배운다는 신념을 갖고 있었다.

오슬러의 열정은 의사들에게 긍휼(Mercy)을 가르치는 것이었다. 의학생들에게 그는 이렇게 말했다.

우리가 신문에서 보듯이, 우리 의사들이 과학에만 치우쳐 있어 환자 개인보다는 질병과 질병의 과학적인 측면에 더 많은 관심을 기울이고 있다는 생각이 사람들 사이에 널리 퍼져 있다. 본인은 제군들이 각자의 의료 행위에 있어서 환자 개인에게 더 특별한 관심을 갖기를 강력히 권하는 바이다.…고통받는 불쌍한 인류를 대할 때, 우리는 가면을 벗은 채 모든 약함을 드러낸 그들의 모습을 보게 된다. 제군들이 항상 마음을 부드럽고 겸허하게 해야만 하는 것은, 자칫 제군들과 똑같이 창조된 동료 피조물들을 크게 경멸할 수 있기 때문이다.

궁휼을 보이며 관계를 형성해 가는 오슬러의 능력은 1918년 유행성 폐렴이 만연하던 때, 그가 환자를 다루던 모습으로 잘 요약될 수 있을 것이다. 유행병의 문제가 심각해지자 오슬러는 병원 활동을 제한하고, 많은 환자들을 직접 방문하여 치료하였다. 어린 딸을 둔 한 어머니는 오슬러가 하루에 두 번씩 딸아이를 찾아와 부드러운 말로 함께 놀아주며 그 증상을 진단하였는 지를 자세히 이야기해 주었다.

어린아이의 죽음이 임박한 것을 알게 되자, 오슬러는 어느 날 종이에 포장된 예쁜 붉은 장미 한 송이를 가져갔다. 그것은 그 해 여름 자신의 정원에 키운 마지막 장미였다. 오슬러는 그 장미를 소녀에게 주면서, 장미들도 자신이 원하는 만큼 한 곳에 오래 있지 못하고 새로운 집으로 가야만 한다는 것을 설명하였다. 오슬러의 말과 장미에 소녀는 위안을 받은 듯 하였다. 그리고 며칠 후 소녀는 죽고 말았다.

오슬러는 그 다음 해 세상을 떠났고, 그의 한 영국 친구는 오슬러에 대해 이렇게 말하고 있다.

너무나 빨리 그는 역사 속으로 사려져 갔다. 하지만 주어진 자신의 짧은 인생의 여정 속에서 그는 위대한 의사로서 직분을 다하였다.…그 무엇보다 그 일생의 친구로서 우리는 오슬러를 이렇게 말한다. 우정에 관한 한 우리 세대에 있어서 그 어떤 사람보다 천재성을 간직하였던 사람. 가장 눈에 띠는 그의 모습은 우리 모두에 대한 그의 놀라운 관심이었다.…그의 다른 능력 또한 모두 그러한 그의 인간애(humanity)와 동료에 대한 놀라운 관심에서 비롯된 것이다.

관계 만들기

사람들과 일하며, 그 관계를 발전시켜 나가는 능력은 유능한 리더십에 있어서, 절대로 빼놓을 수 없는 중요한 요소다.

Executive Female지(誌) 1991년 5월 호에는 고용주를 대상으로 실시한, 직원에게 요구되는 세 가지 주요 자질에 대한 설문 결과가 실렸다. 그 첫 번째는 인간 관계에 대한 것이었다. 응답자의 84%가 대인 관계의 능력을 손꼽은 것이다. 학력과 경험을 세 가지 주요 자질에 넣은 사람은 오직 40% 밖에 되지 않았다. 만일 종업원에게 대인 관계의 능력이 이처럼 요구되어진다면, 하물며 리더에게는 얼마나 중요한 것이겠는가? 사람들은 함께 하고 싶은 사람과 함께 가려고 한다. 물론 좋은 대인 관계를 갖고도 훌륭한 리더가 되지 못하는 경우도 있지만, 대인 관계의 능력 없이 훌륭한 리더는 절대 될 수 없다.

리더로서 좋은 관계를 유지하고 발전시켜 나가기 위해서는 무엇을 해야만 할 것인가? 다음 세 가지가 요구되고 있다.

1. 리더의 생각을 품어라 : 사람을 이해하라

좋은 관계를 유지하는 리더에게 요구되는 첫 번째는 사람들이 어떻게 느끼고 생각하는 지를 이해하는 것이다. 우리가 다른 사람들과 일을 할 때, 그들이 리더건 리더를 따르는 사람이건 모든 사람들에게는 몇 가지 공통점이 있다는 것을 발견하게 된다.

사람들은 자신이 특별하다는 느낌을 받고 싶어한다.
진심으로 그들을 칭찬하라.
사람들은 더 나은 내일을 원한다.
그들에게 희망을 보여주어라.
사람들은 방향을 원한다.
그들을 위해 방향을 조정해 주어라.
사람들은 이기적이다.
그들이 필요로 하는 것을 먼저 언급하라.
사람들은 감정적으로 활력을 잃기 마련이다.
그들을 격려해라.
사람들은 성공을 원한다. 그들이 성공하도록 도움을 주어라.

이러한 사실을 인식하되, 리더는 반드시 사람들을 개인적으로 대해야만 한다. 각 사람에게 눈을 맞추고, 그들 각각을 이해하며, 관계를 갖는 능력은 대인 관계의 성공에 있어서 주 요소이다. 이것은 사람들을 획일적이 아닌 서로 다르게 대해야 한다는 것이다. 마케팅 전문가 롯 니콜스는 비즈니스에 있어서 이러한 점은 한층 더 중요시된다고 말하고 있다. "만일 모든 고객을 똑같은 방법으로 대한다면, 그것은 당신이 만나는 고객의 25~30%에게만 적합한 것이 될 것이다. 왜냐하면 그 방법이 한 가지 타입의 사람에게만 적합하기 때문이다. 하지만 네 가지 유형을 모두 활용할 수 있도록 익힌다면, 만나는 고객의 거의 100%를 포용할 수 있을 것이다."

이러한 감수성의 문제는 리더십에 있어서 소프트한 요소로 불릴 수 있을 것이다. 자신의 리더십을 자신이 이끄는 사람에게 적용시킬 수 있는 능력을 갖추어야만 한다.

2. 리더의 마음을 가져라 : 사람을 사랑하라

Difinitive Computer Service의 회장이자 최고 경영자인

헨리 그루랜드는 다음과 같은 생각에 사로 잡혀있다.

"리더가 된다는 것은 단지 선두에서 이끌기를 원하는 것, 그 이상을 말한다. 리더들은 다른 사람들에 대한 감정이입(empathy)과 각 사람이 갖고 있는 최고의 것을 찾아내는 예리한 능력이 있어야 한다. …가장 나쁜 것이 아니라… 진심으로 남을 아끼는 마음에서 말이다."

3. 리더의 손으로 뻗어라 : 남을 도와라

제너럴 모터즈의 르 로이 H. 쿠르츠의 말이다.

"산업 사회의 들판에는 내부의 사회적 도덕적 부패(dryrot)로 들끓는 리더십과 주는 것 대신 받는 것을 신봉하고… 쉽게 대체될 수 없는 자산이 사람이라는 것을 깨닫지 못하는 리더십으로 구성되었던 조직들의 유골들이 여기 저기 산재해 있다."

사람들은 자신들의 관심을 마음속에 담아두고 있는 리더를 존경한다. 사람들로부터 무엇을 얻어낼 수 있을까보다 무엇을 심어줄 수 있을까에 초점을 맞춘다면, 그들로부터 사랑과 존경을 받게 될 것이다.

이것은 관계를 형성하는 데 있어서 가장 확실한 토대를 마련해 준다.

점검표

자신의 대인 관계 능력은 어떠한가? 처음 보는 사람들과도 잘 어울리는가? 어떠한 사람들과도 잘 교류하는가? 언제나 공통점을 찾으려하는가? 장기적인 교류에 있어서는 어떠한가? 관계를 유지하는 능력이 있는가? 관계를 유지하는 능력이 약하다면, 여러분의 리더십은 언제나 고통받게 될 것이다.

실천 사항

- 생각을 바꿔라. 사람들을 이해하는 능력을 배양해야 할 필요가 있다면, 우선 관련 서적을 읽어라. 필자는 데일 카네기, 앨런 로이 맥기니스, 그리고 레 파로 3세의 책을 추천한다. 그리고 사람들을 관찰하고 그들과 대화하며 배운 것을 적용하는 데 시간을 쏟으라.

- 마음을 강하게 하라. 생각보다 남을 잘 대할 수 없다면, 자신에게 맞춰진 초점을 옮겨야 할 것이다. 친구와 동료들에게 가치를 더할 수 있는 작은 것들의 목록을 만들어라. 그리고 매일 그 중 하나를 해보도록 하라. 다른 사람들을 돕고 싶어질 때까지 기다리지 말라. 그런 감정을 향해 행동하라.

- 상처뿐인 관계를 회복하라. 점점 희미해지는 오랫동안 소원했던 관계를 생각하라. 관계를 다시 세우기 위해 자신이 할 수 있는 것을 행하라. 연락하고 다시 만나려 하라. 관계가 식어간다면, 자신에게 관련된 책임을 확인하고 사과하라. 그 사람을 더 잘 이해하고, 사랑하고 그리고 섬길 수 있도록 해 보라.

〈파코(The Capital of the World)〉라는 단편소설에서 노벨문학상 수상자인 어니스트 헤밍웨이는 한 아버지와 파코라는 십대 소년 사이의 붕괴되어 가는 관계를 말하고 있다. 아들이

집을 뛰쳐나간 뒤, 아버지는 아들이 찾아 긴 여정을 시작한다. 마침내 마지막 휴양지라고 생각한 곳에서, 그는 마드리드 지방 신문에 광고를 싣는다.

"사랑하는 파코에게, 내일 정오에 신문사 정문 앞에서 아버지를 만나러 오길 바란다. …이미 다 용서했단다. …나는 너를 사랑한다."

다음날 아침 신문사 앞에는 아버지와 관계를 회복하고 싶어하는, 파코라는 이름을 가진 팔백 명의 사람들이 몰려왔다.

인생에 있어서 관계가 갖는 힘을 결코 과소 평가하지 말라.

16

책임감

"임무를 수행하지 못한다면
팀을 이끌 수 없다."

어느 분야이건 책임을 요구한다. 분석 결과, 모든 성공한 사람들이 갖는
공통된 한 가지 자질은 책임을 이행하는 능력이었다.
- 마이클 코다, 사이먼 & 슈수터 편집장

리더는 무엇이든 포기할 수 있다. 단 마지막 책임은 제외하고.
- 존 맥스웰

알라모로 되돌아간 사람

 1835년 말, 텍사스 반란군들이 샌 앤토니의 작은 선교 사역 요새를 포위하고 있었다. 그 해 말, 그 요새에 있던 멕시코 군인들은 요새를 반란군의 손에 넘겨준 채, 백기를 들고는 남쪽으로 향했다. 그 곳에 있던 오래된 교회의 이름은

알라모였다. 이 일은 미국 역사상 가장 영웅적인 사건을 계기가 되었다. 그리고 이듬해 2월과 3월, 그 곳에서 벌어진 전투는 용맹과 믿을 수 없는 책임감으로 점철된 것이었다.

미국 정착민들과 멕시코 군대 사이에 벌어진 알라모 전투는 피할 수 없는 것이었다. 25년간이나 텍사스의 주민들은 멕시코 정부로부터 독립하기 위한 시도를 반복하고 있었다. 그럴 때면 멕시코 군대가 즉각 파병되어 반란군을 제압하였다. 그러나 이번에는 그 상황이 달랐다. 요새는 굳은 결의로 뭉쳐진 183명의 자원병들로 배치되어 있었으며, 그 가운데는 경험 많은 군인과 프론티어즈맨(frontiersmen : 변경 개척자들)인 윌리엄 트개비스, 데비 크로켓, 그리고 짐 보위가 있었다. 그들의 모토는 '승리가 아니면 죽음'이었다.

2월 말이 되자 앤토니오 로페즈 드 샌터 애너의 명령 아래 수 천명의 멕시코 군인들이 샌 안토니에 진군해 와서 알라모를 포위하였다. 멕시코 군대가 항복을 제안하자 그들은 완강히 거부하였다. 만일 전투를 하게 될 경우 항복을 받아들이지 않고 모두 죽이겠다는 전갈을 보냈지만, 그들은 꿈쩍도 하지 않았다. 전투를 치를 수밖에 없게 되자,

텍사스 거주민들은 텍사스 군대의 지원을 요청하기 위해, 젊은이 한 명을 밖으로 보냈다. 그 청년의 이름은 제임스 본앰이었다. 그는 야밤에 선교 요새를 떠나 골리앳까지 95마일을 달려 도움을 요청하였다. 하지만 도착한 그에게 들려준 말은 지원해줄 병력이 없다는 것이었다.

샌터 애너는 11일 동안 알라모를 맹공격하였다. 3월 6일 아침이 되자, 멕시코 군대는 오래된 선교 요새를 향해 총공격을 하였다. 전투가 끝났을 때, 183명 가운데 살아남은 사람은 한 명도 없었다. 하지만 그들은 600명의 적군을 무덤으로 함께 데리고 갔다.

골리앳으로 달려간 제임스 본앰은 어찌되었을까? 말을 타고 다른 곳을 가는 것이 그에게는 더 쉬운 일이었을는지 모른다. 하지만 그의 책임감은 너무나 위대한 것이었다. 오히려 그는 말머리를 알라모로 돌려, 적진을 뚫고 지나갔다. 동료들과 함께 저항하고 싸우고 죽기 위함이었다.

그들은 비록 알라모에서 패배했지만, 그 전투는 멕시코와의 전쟁에 있어서 전환점이 되었다. 연이은 전투에서 '알라모를 기억하라'는 외침이 울려 퍼지는 가운데, 샌터 애너 장군과 그의 군대에 대항하는 힘과 지지를 모아나갔다. 2개월이 채 되지 않아, 텍사스는 완전한 독립을 이룰 수 있게 되었다.

책임감 만들기

제임스 본앰과 그의 동료들. 그들이 보여준 책임감을 오늘날 미국 문화 속에서 찾아보기란 힘든 일이다. 사람들은 이제 자신의 책임보다는 권리에 더 많은 무게를 두고 있다. 최근 사람들의 태도를 관찰해온, 나의 친구 해든 로빈슨은 이러한 평을 하였다.

"부자가 되고 싶거든, 남의 희생과 관련된 일에 투자하라. 이것이 미국에서 가장 빠르게 성장하고 있는 사업이다."

그는 수백만의 사람들이 남들에게 희생자임을 확인시켜주고, 그들을 대리해주고, 그들과 면담하고, 대접해주며, 보험을 들어주고, 상담을 해주면서 부자가 되고 있다고 강조했다.

선한 지도자는 결코 희생거리를 찾으려 하는 생각을 받아들이지 않는다. 그들은 자신이 어디에 있고, 무엇을 하는 사람이냐는 사실에 자신의 책임이 있다고 믿는 사람들이다. 그들은 부모나 배우자, 자녀, 정부, 자신의 보스 또는 동료들에게 책임을 묻지 않는다. 그들은 자신의 솔선수범을 입증할 때만, 팀을 이끌 수 있는 기회가 온다는 것을 알고 있기 때문에 인생에 어떤 상황이 주어지든 그것에 최선을 다한다. 책임감이 무엇인지 알았던 사람들의 특성을 잠깐 살펴보자.

1. 일을 끝마친다.

죠지아 대학 토마스 스탠리 박사는 자수성가한 백만 장자들을 연구하던 중에, 그들이 모두 한 가지 공통점을 갖고 있다는 사실을 알게 되었다. 바로 열심히 일한다는 것이었다. 한 백만 장자는 왜 하루에 12시간에서 14시간씩이나 일을 하냐는 질문을 받자, 이렇게 말했다고 한다.

"큰 조직에서 일하면서, 제가 이 사실을 깨닫기까지는 15년이 걸렸습니다. 우리가 살고 있는 사회에서 여러분은 생존을 위해 하루 8시간을 일합니다. 만일 8시간 일을 한다면, 여러분은 모두 살아남을 수 있습니다. …하지만 8시간 이상 일하는 것은 모두가 자신의 미래를 위한 투자인 것입니다."

최소한의 것만을 해놓고, 최대의 잠재력을 발휘할 수 있는 사람은 아무도 없는 것이다. 그렇다면, 어떻게 '일을 끝내려는(get-it-done)' 태도를 유지해 나갔을까? 그들은 스스로를 자영인으로 여겼다. 더 많은 것을 성취하고, 따르는 자들과 신뢰감을 쌓고 싶다면 그러한 마음가짐이 필요하다. 이러한 책임감은 우리를 더 멀리 나가게 할 것이다.

2. 오 리를 가자하면, 십 리를 간다

책임감 있는 사람들은 결코 이런 말을 하지 않는다.
"그것은 내 일이 아니야."
그들은 조직에서 필요로 한 일이라면, 그것을 끝내기 위해 무엇이든 기꺼이 하려한다. 성공하고 싶다면 자신의 일보다 기꺼이 조직의 일을 우선으로 하라.

3. 탁월함을 추구한다

탁월함(Excellence). 이것은 굉장한 동기부여 인자이다.

탁월함을 동경하며, 그것을 성취하기 위해 열심히 일하는 사람들은 거의 언제나 책임감이 있는 자들이다. 자신의 모든 것을 쏟아 부은 후에야, 그들은 편해질 수 있다. 성공 전문가인 짐 론은 이렇게 말하고 있다.

"스트레스는 우리가 할 수 있는 것보다 일을 덜 했을 때 찾아온다."

목표의 질을 높이라. 책임감은 자연히 따를 것이다.

4. 상황에 관계없이 결실을 맺게 한다

책임감 있는 사람들이 갖고 있는 최고의 장점은 마무리하는 능력에 있다. 〈열린 길(An Open Road)〉에서 리챠드 L. 에반스는 다음과 같이 기록하고 있다.

"책임감을 갖고, 마지막 세세한 부분까지 마무리하려는 사람을 만나는 것이나, 누군가가 임무를 수락하고 그것을 효과적으로 또 양심적으로 수행하려 한다는 것을 알게 되는 것은 정말 값진 것이다."

리더가 되고 싶다면, 끝까지 최선을 다해 결실을 맺게 하는 자가 되어야 할 것이다.

점검표

길버트 알랜드는 다음과 같이 충고하고 있다.

"궁수가 과녁을 맞추지 못했을 땐, 뒤로 돌아서서 그 잘못을 자신에게서 찾는다. 정 중앙에 있는 황소의 눈을 맞추지 못하는 것은 결코 과녁의 잘못이 아니다."

책임이란 과녁을 당신은 끝까지 정조준하고 있는가? 타인들로부터 마지막까지 마무리하는 사람(finisher)이라는 소리를 듣고 있는가? 탁월하다는 소리를 듣고 있는가? 사람들이 공을 꼭 쥔 채 달리는 당신을 보고 있는가? 이러한 점에 있어서 아직 최고의 수준에 이르지 않았다면, 더 강한 책임감을 키워야만 할 것이다.

실천 사항

- **계속해서 버틴다.** 아무리 어려운 상황이라 할지라도, 때로는 일을 수행하지 못한 이유가 버티지 못했기 때문인 경우도 있다. 마감일을 넘기거나, 일을 성사시키지 못하거나, 또는 프로그램을 순조롭게 시작시키지 못할 것 같은

경우에 처한다면, 우선 모든 일을 멈추고 해낼 수 있는 방안을 찾아 보라. 선(線) 바깥의 것을 생각해 보라. 야근을 해서 해낼 수는 없는가? 동료에게 전화를 걸어 도움을 청할 수는 없는가? 아르바이트를 고용하거나 자원 봉사자들을 찾을 수는 없는가? 창조적인 생각, 그것은 인생에 책임감을 가져다 준다.

- **충분하지 못했던 것을 인정한다.** 탁월하게 되는 것이 어려워질 경우 우리는 자신의 기준을 낮추기도 한다. 우리의 삶 가운데 목표한 기준을 달성하지 못하고 흐지부지되었던 일들을 생각해 보라. 다시 한번 더 높은 기준을 세울 수 있도록 자신을 바꿔라. 이것은 여러분이 뛰어넘어야 할 탁월함의 바(bar)를 다시 조정하는 데 도움을 줄 것이다.

- **더 좋은 도구를 찾아라.** 기준도 높이 세웠고 마음가짐도 확실히 다졌으며, 계속해서 열심히 일하는 데도 성과가 없다면 다른 방안을 강구해야 할 것이다. 수업을 듣거나, 독서를 하거나, 테입을 들으며 자신의 기술과 기량(skill)을

향상시킨다. 그리고 스승(mentor)을 구하라. 무엇이든 현재 일을 향상시키는 것을 하라.

뷰트 카운티 교도소를 탈옥한 죄수가 보안관을 만나자 이렇게 설명하였다고 한다.

"난 장대 뛰어넘기를 연습하고 있었습니다. 그런데 그만 담벼락에 너무 가깝게 가는 바람에, 담 너머로 떨어졌지 뭡니까. 정신을 차리고 난 뒤, 교도소로 다시 돌아갈 길을 찾으려고 애썼지만, 잘 모르는 곳이라서 길을 잃어버리고 말았습니다. 그리고 한참 뒤에 내가 치코에 왔다는 것을 알게 됐습니다."

사람들은 다른 사람들로부터 지적 받기 전까지는 자신의 변명이 얼마나 빈약한 것인지 잘 깨닫지 못한다(뷰트와 치코는 상당히 먼 거리임).

17

안정
"역량은 결코 불안을 책임질 수 없다."

사람들이 필요하다면, 사람들을 이끌 수 없다.
- 존 맥스웰

: 오로지 홀로 해 내려 하거나, 또 그렇게 함으로써 모든 명성을
혼자 받기 원한다면, 결코 위대한 리더가 될 수 없다.
- 앤드류 카네기, 사업가

철의 여인이 보여준 안정감

로널드 레이건 대통령 재임 시, G7국가의 수뇌들이 경제 정책을 논의하러 워싱턴에 모인 적이 있었다. 레이건 대통령은 당시 자신이 우연히 듣게 된 이야기를 훗날 상세히 회고하였다. 캐나다 피에르 트루도 수상이 영국의 마가렛

대처 수상을 호되게 힐책하며, 그녀가 처음부터 끝까지 모두 잘못하고 있으며, 그녀의 정책은 먹히지 않을 것이라고 한 것이다. 대처 수상은 트루도 수상 앞에 서서 머리를 세운 채 끝까지 그의 말을 들었다. 그리고 밖으로 나갔다.

그녀의 뒤를 따라 나간 레이건 대통령은 이렇게 물었다.

"매기, 트루도 수상이 전에는 이같이 말한 적이 한 번도 없었는데, 방금 전에는 정말 무례했습니다. 정말 무례하게 굴었어요. 왜 그런 말을 그만 하게 하지 그랬어요?"

레이건 대통령을 쳐다보며 대처 수상은 이렇게 말했다.

"여자는 남자들이 어린애같이 구는 때를 알고 있습니다."

이 이야기는 마가렛 대처 수상의 면모를 확실히 보여주고 있다. 세계 지도자로서의 성공은 강하고 안정된 사람을 필요로 한다. 특히 여자일 경우에는 더 말할 나위 없는 것이다.

마가렛 대처는 언제나 역류를 타고 상류로 거슬러 올라가는 삶을 살았다. 옥스퍼드 대학에서, 남자들이 주도하던 화학을 전공한 그녀는 옥스퍼드 대 보수 협회의 첫 여성 회장이 되었다. 몇 년 후 변호사가 된 그녀는 세금 전문가로 활동하였다.

1959년 국회 의원이 된 대처는 남성들이 압도적으로 많은 정치계에 발을 들여놓는다. 분석적이며 명확한 어투에 냉정한 침착성은 당으로부터 반대당 의원과의 토론에서 당을 대신하여 맞서줄 것을 자주 의뢰 받게 하였다. 그녀의 솜씨와 확신은 아버지로부터 배운 태도에서 나온 것으로, 아버지는 늘 이렇게 말했다고 한다.

"대중(大衆)을 따라다니지 말고, 네 스스로 결정하거라."

그녀의 강한 의지와 높은 역량은 그녀로 하여금 정부의 여러 요직을 거치도록 하였으며, 교육 및 과학 장관 재임 시에는 '영국에서 가장 인기 없는 여인'이라는 소리를 듣기도 하였다. 하지만 대처는 결코 비평에 흔들리지 않았다. 그녀는 계속해서 열심히 일을 했으며, 사람들의 존경을 얻기 시작했다. 결국 이러한 소신은 그녀를 영국 역사상 첫 여자 수상으로 임명되게 만들었다.

그러나 수상이 되어서도 계속해서 비판과 맞서야만 하였다. 국가 공기업의 민영화에 따른 악용, 노조 역할의 감소, 포클랜드 제도 파병, 그리고 대(對) 소련 보수 정책 고

수 등의 어려움을 뚫고 지나가야만 했다. 아무리 심한 비난을 받더라도 그녀의 확신은 동요되지 않았으며, 자존심을 언제나 잃지 않았다. 그녀는 이런 말을 했다.

"나에게 있어서, 합의(consensus)란 아무도 믿지 않는 어떤 것을 찾으려고 모든 신념, 원칙, 가치 그리고 정책을 포기하는 과정으로 보여집니다. … '합의를 지지한다' 라는 깃발 아래 격렬한 논쟁을 벌이는 근거는 무엇입니까?"

대처 수상은 리더십에 있어서 확신이 무엇인지를 잘 보여주었다. 이러한 확신의 결과는 그녀를 '철의 여인(Iron lady)' 라는 명칭과 함께 세 번 연속 수상직을 맡게 하였으며, 이것은 근대에 들어 아무도 이루지 못한 것이었다.

안정 만들기

마가렛 대처 수상은 자신과 자신의 신념에 대해 조금도 주저하지 않아 보였다. 특히 자신의 리더십에 있어서는 절대 안정을 보였다. 그것은 모든 위대한 리더들이 보여준 것과 같은 것이다. 스스로 여기고 있는 자신과 일치하지 않는 삶을 살 수 있는 사람은 아무도 없다. 우리는 이러한 사실은 사람들 사이에서 볼 수 있다. 만일 어떤 사람이 자신을 실패자라고 여긴다면, 그는 실패하는 길을 찾게 될 것이다. 때문에 언제든 자시의 안정감을 뛰어넘는 더 큰 성공을 하게 되면, 그 결과는 파멸이 되고 마는 것이다. 이것은 리더 뿐 아니라 리더를 따르는 자들에게도 마찬가지이다.

불안정한 리더들은 자신은 물론 그를 따르는 사람들과 그들이 이끄는 조직에 위험한 존재다. 그 이유는 리더의 자리가 개인의 약점을 증폭하는 곳이기 때문이다. 우리가 갖고 있는 모든 부정적인 짐은 우리가 남을 이끌 때에 더 견디기 힘들어지게 마련이다.

불안정한 리더들은 그들만이 갖는 몇 가지 공통점이 있다.

1. 그들은 남들에게 안정감을 주지 못한다

'없는 것은 줄 수 없다' 라는 격언이 있다. 기술이 없는 사람이 기술을 전수하지 못하듯, 안정감이 없는 사람은 남들에게 안정을 느끼도록 할 수 없다. 유능한 리더, 남들이 따르기 원하는 리더가 되고자 한다면, 자신을 따르는 사람들로 하여금 스스로에게 편안함을 느낄 수 있도록 해야 할 것이다.

2. 그들은 주는 것보다 더 많이 취한다

불안정한 사람들은 타당성, 인정, 그리고 사랑을 끊임없이 갈구한다. 이 때문에 그들의 초점은 안정을 찾는 데 있지, 남에게 안정을 심어주는 데 있지 않다. 그들은 본질적으로 주는 자들이기보다는 취하는 자들이다. 취하는 자들은 결코 좋은 리더가 될 수 없다.

3. 그들은 언제나 인재 발굴을 피하려한다

불안정한 리더란 한마디로 자신과 일하는 사람들의 성공을 진심으로 축하하지 못하는 사람이다. 심지어 그는 남들의 성공을 인식하지 못하도록 막으려고까지 한다. 또한 그들은 팀의 공로를 자기 개인의 것으로 돌리는 경향이 있다. 〈리더십21가지 불변의 법칙〉에서 이미 말했듯이 오직 안정된 리더만이 남에게 '힘(power)'을 넘겨줄 수 있다. 바로 '위임의 법칙'인 것이다. 하지만 불안정한 리더는 '힘'을 움켜쥐려고만 한다. 불안정한 리더는 자신을 따르는 사람이 더 잘 되면 잘 될수록 더 큰 위협을 느끼며, 그들의 성공과 인식을 제한시키기 위해 더 많은 에너지를 쓰게 된다.

4. 그들은 끊임없이 조직의 성장을 억제하려 한다

사람들은 자신이 불이익을 받고 아무런 공로를 인정받지 못할 때 낙담을 하게 되며, 결국에는 자신의 잠재력을 상실하게 된다. 만일 그런 일이 발생하게 된다면 조직 전체가 고통을 받게 된다.

반대로 안정된 리더는 남들을 신뢰할 수 있는 역량을 갖고 있다. 자신을 믿기 때문이다. 그들은 거만하지도 않으며, 자신의 장점과 단점에 대한 파악은 물론 자신을 존중한다. 자신과 일하는 사람들이 일을 잘한다 하더라도, 조금도 위협을 느끼지 않는다. 오히려 한 단계 높은 성취를 위하여 최고의 사람들을 모아 그들을 강화시키려 한다. 팀의 성공은 그에게 최고의 기쁨인 것이다. 팀의 성공을 자신의 리더십 능력을 통해 받을 수 있는 최대의 찬사로 여기기 때문이다.

점검표

 당신은 자신을 얼마나 잘 이해하며, 또 존중하고 있는가? 자신의 장점에 대해 알고 있으며, 그것에 대해 만족하고 있는가? 자신의 약점을 파악하고 있으며, 또 그것을 어쩔 수 없는 것으로 받아들이고 있는가? 사람들은 자신이 특별한 개성과 독특한 재능을 갖고 태어났다는 것을 알게 될 때, 다른 사람들의 장점과 성공을 인정할 수 있게 된다.
 자신은 리더로서 얼마나 안정되어 있는가? 자신을 따르는 사람이 굉장한 아이디어를 갖고 있다면, 그를 도울 것인가, 아니면 묵살할 것인가? 부하들의 승리를 진정 축하할 수 있는가? 자신의 팀이 성공했을 때, 그들에게 공로를 돌릴 수 있는가? 그렇지 못하다면, 아마 당신은 불안정하다고 말할 수 있을 것이다. 그것은 당신과 당신의 팀, 그리고 당신의 조직을 제한할 것이다.

실천 사항

안정감을 높이기 위한 방법

- 자신을 알라. 만일 자신에 대해 알려고 하지 않았다면, 시간을 내어 자신에 대해 배운다. Myers Briggs나 Florence Littauer 같은 인성 검사를 받아 보고, 잘 아는 사람 몇몇에게 나의 장점 세 가지와 단점 세 가지를 말해달라고 하라. 그리고 그들의 답에 대해 일체의 변명을 하지 말고, 그것에 대해 깊이 숙고하라.

- 공로를 돌려라. 팀이 하고 있는 일로 남들이 칭찬을 받으면, 아마도 자신은 결코 성공하지 못할 것이라는 생각을 하게 될 것이다.

하지만 성공하게 될 것이라고 생각해 보라. 다른 사람들을 돕고 그들의 공헌을 인정하게 된다면, 그들의 경력을 돕게 되며 그들의 사기를 높이고 결국 조직을 향상시키게 된다. 그렇게 될 때, 당신은 유능한 리더로 보이게 될 것이다.

- 도움을 요청한다. 자신에게 있는 불안감을 떨칠 수 없다면, 전문가의 도움을 구하라. 유능한 카운셀러의 협조 아래 문제의 근원을 파헤쳐라. 그것은 자신뿐만 아니라 함께 일하는 사람을 위한 것이다.

프랑스 소설가 발자크는 인간의 본성을 예리하게 관찰한 사람이었다.

자신의 대작 '인간 코미디(The Human Comedy)'에서 근대 문명의 완전한 그림을 그리고자 하였다. 그는 이런 말을 남겼다.

"남들과 좋은 관계를 유지하는데 있어서, 자기 자신에 대해 안절부절 하는 것만큼 큰 장애는 없다."

결코 불안정으로 인해 자신의 잠재력을 발휘하지 못해선 안될 것이다.

18

자기 단련

"가장 먼저 이끌어야 할 사람은
바로 자신이다."

가장 우선 되어야 하는 승리는 자신을 정복하는 것이다.
- 플라톤, 철학자

: 결단력이 없는 사람은 자신에게 속해 있다고 말할 수 없다.
그는, 무엇이든 자신을 사로잡을 수 있는 것에 속한 자이다.
- 잔 포스터, 작가

오르막길의 왕

정상으로 가는 길은 험난하다. 자신의 분야에서 최고라고 여기는 곳까지 다다른 사람은 그리 많지 않다. 특히 최정상의 자리에 있다고 불리는 사람은 그보다 훨씬 더 적다. 제리 리치(Jerry Rich)는 바로 그 자리에 오른 사람이다.

그는 미식 축구 사상 가장 공을 잘 받는 선수로 평가받고 있다. 바로 그가 세운 기록이 이를 잘 입증하고 있기 때문이다.

그를 잘 아는 사람들은 그가 타고난 선수라고 말한다. 그가 하나님께 받은 육체적인 재능은 정말 믿기 어려운 대단한 것이다. 코치가 리시버(미식축구 공격진으로, 공을 받는 선수)에게 원하는 모든 것을 그는 갖추고 있었다. 명예의 전당 가입자인 축구 코치 빌 월쉬는 그에 대해 이처럼 평가한다.

"육체적으로 볼 때, 지금까지 제리 같은 선수는 없었습니다."

하지만 육체적인 탁월함만이 그를 위대한 선수로 만든 것은 아니었다. 그의 성공이 지닌 열쇠는 바로 자기 단련이었다. 아침이건 저녁이건, 그는 훈련하며 준비하였다. 그것은 어떤 프로 선수와도 다른 것이었다.

제리의 재능에 관한 이야기는 언덕 정상을 오르던 그의 경험담에서 잘 나타나 있다. 그 첫 번째는 고등학교 때였다고 한다. 매번 연습이 끝날 때면, B.L. Moor 고등학교의 찰스 데이비스 코치는 선수들에게 40야드(약 37미터)나 되는 언덕길을 전속력으로 20번씩 오르내리게 했다. 몹시 뜨겁고 숨이 확확 막히던 미시시피의 한 더운 날, 제리는 이미 11번째 왕복을 한 뒤였고, 포기하려고 마음먹고 있었다. 살며시 라커룸에 들어간 그는 자신이 지금 무슨 행동을 하고 있는지 갑자기 깨닫게 되었다.

"포기하면 안돼. 한 번 포기하기 시작하면, 언제나 포기하려고 할거야."

스스로에게 다짐한 그는 다시 돌아가 전력 질주를 마쳤고, 그 후로 한 번도 포기하지 않았다.

직업 선수가 되자, 그는 또 다른 언덕길 전력 질주로 유명해졌다. 그것은 캘리포니아 샌 칼로스 공원에 있는 2.5마일의 울퉁불퉁한 오솔길로, 개인 훈련에 언제나 포함되어 있었다. 다른 일류 선수들도 제리를 따라 그 코스를 함께 달리려 했지만, 그의 지칠 줄 모르는 체력에 놀라며 항상 멀리 처지고 말았다. 그러나 제리에게 있어서 이것은 정기적으로 하는 훈련 중 하나일 뿐이다. 심지어는 시즌이 끝난 뒤, 다른 선수들이 낚시를 하거나 여가를 즐기고 있을 때도 그는 오전 7시부터 정오까지 규칙적인 운동을 한다. 한번은 누군가 이런 농담을 한 적이 있었다.

"그 친구 몸이 얼마나 단련되었는가 하면, 제이미 리 커피스(몸이 아주 마른 배우)도 그 친구 옆에 서면 제임스 얼쟌스(몸이 뚱뚱한 배우)처럼 비둔하게 보인다니까."

"다른 선수들이 제리에 대해 이해하지 못하는 것은 바로 미식 축구는 일 년 열두 달하는 운동이라는 것입니다. 제리는 그것을 잘 알고 있죠."

NFL의 코너백인 케빈 스밋의 말이다.

"그는 타고난 선수입니다. 하지만 연습을 게을리 하지 않죠. 그것이 훌륭한 선수와 최고 선수의 차이점입니다."

제리는 최근 그의 생애에 또 다른 언덕을 올랐다. 끔찍한 부상에서 돌아온 것이다. 여태까지 그는 19번의 시즌 동안 한 게임도 거른 적이 없었다. 그것은 잘 훈련된 그의 직업 윤리와 절대 끈기의 근성, 이 두 가지에 대한 그의 신조였다.

1997년 8월 31일 그가 무릎에 총상을 입자, 사람들은 그 시즌은 더 이상 틀렸다고 생각했다. 실제로 비슷한 부상을 당하고 시즌에 복귀한 선수는 롯 웃선(Rod Woodson) 밖에 없었다. 그는 4개월 반만에 무릎 재활에 성공하였다. 하지만 제리 리치는 3개월 반만에 복귀할 수 있었다. 절대 불굴의 정신력과 의지, 그리고 상상할 수 없는 혹독한 자기 단련을 통해 이루어 낸 것이다. 그와 같은 일을 사람들은 전에 본 적이 없었으며, 어쩌면 다시는 보지 못할 지도 모른다. 제리는 계속해서 팀의 승리를 도우며, 그의 기록과 명성을 쌓아가고 있다.

자기 단련 만들기

제리 리치는 자기 단련의 위력을 그대로 보여주는 완벽한 예다. 아무도 자기를 단련하지 않고 성공을 이루고 유지할수는 없는 것이다. 아무리 뛰어난 재능을 가진 리더라 할지라도, 스스로를 단련하지 않고는 그 재능이 갖고 있는 최대 잠재력을 얻을 수 없다. 자기 단련은 리더를 가장 높은 경지에 이르게 하며, 리더십을 지속시키는 열쇠가 되어 준다.

자신을 단련하는 리더가 되기 원한다면, 다음을 실행하라.

1. 우선되는 사항을 결정하고 따라라

편하거나 할 만 할 때라야만 해야 할 일들을 하는 사람이라면 결코 성공할 수 없다. 그리고 그를 따르고 존경하는 사람은 아무도 없을 것이다. 누군가 이렇게 말한 적이 있다.

"중요한 임무를 수행하기 위해서는 두 가지가 필요하다. 계획과 결코 충분하지 않은 시간이다."

리더라고 한다면, 이미 시간은 넉넉하지 않을 것이다. 이제 필요한 것은 계획이다. 우선되는 사항을 잘 결정하고, 모든 것으로부터 자신을 차단할 수만 있다면, 훨씬 더 쉽게 중요한 일들을 해결해 나갈 수 있을 것이다. 이것이 바로 자기 단련의 정수인 것이다.

2. 단련된 라이프 스타일을 목표로 삼아라

제리 리치처럼, 아주 잘 단련된 사람들의 삶을 배운다면 성공한 사람이 되고 자신을 단련시킨다는 것이 한 번에 이루어지는 것이 아님을 깨닫게 될 것이다. 자기 단련은 생활화되어야 하는 것이다.

그렇게 하기 위한 가장 좋은 방법은, 특히 장기적인 성장과 성공에 결정적인 영향을 미치는 영역에서 체계와 일정을 발전시켜 나가는 것이다. 예를 들어 내 경우, 계속해서 글을 쓰고 강연을 하기 때문에, 매일 매일 독서를 하며 앞으로 사용할 내용들을 정리 보관한다. 그리고 1998년 12월 심장병을 앓은 뒤로는, 아침마다 매일 운동을 한다. 한 시즌 동안 한다면 그것은 그리 대단한 일이 아닐 것이다. 하지만 나는 남은 여생 동안 매일 그렇게 할 것이다.

3. 변명하지 마라

단련된 라이프 스타일을 개발하고 싶다면, 가장 먼저 해야 할 일은 변명하려는 습성을 없애야 한다는 것이다. 프랑스 고전작가 프랭크와 라 로세포우카울은 이렇게 말했다.

"우리의 모든 잘못은 대부분 그것을 감추려고 생각해 내는 방법보다 훨씬 더 용서받기 쉬운 것들이다."

자신을 단련시키지 못하는 이유가 서너 개 있다면, 실제로는 그것이 변명거리에 지나지 않는다는 사실을 깨달아야 할 것이다. 한 단계 위의 리더가 되고자 한다면, 그것들은 모두 이겨야 할 약점들이다.

4. 일을 끝내기 전까지 보상하지 마라

작가인 마이크 대래니는 현명한 표현을 하고 있다.

"어떤 비즈니스건 어떤 산업이건, 열심히 일하는 자와 적당히 일하는 자를 똑같이 보상한다면, 머지 않아 열심히 일하는 자보다 적당히 일하는 자들이 더 많아지는 것을 보게 될 것이다."

자기 단련이 부족하다면, 그는 언제나 김칫국부터 먹으려는 습관에 빠진 사람일 것이다. 보상을 보류하는 힘을 잘 나타낸 이야기가 있다. 한 나이 먹은 부부가 이틀 동안 야영장에서 지내고 있을 때, 한 가족이 그들 옆에 오게 되었다. 레포츠 자동차가 정지하자, 그들은 3명의 아이들과 함께 우르르 내리기 시작했다. 한 아이가 아이스박스와 배낭과 다른 물건을 내리는 동안 다른 두 아이는 재빨리 천막을 치고 있었다. 그리고 그 모든 것은 15분만에 끝났다.

그 모습을 본 두 노부부는 깜짝 놀랐다.

"아이들이 일을 참 잘 해내는군요. 정말 대단한 협동심입니다."

노신사가 감탄하며 아이들 아버지에게 말하자 그는 이

렇게 대답했다.

"체계(system)가 필요하죠. 천막이 세워지기 전까지는 아무도 화장실에 갈 수 없거든요."

5. 결과에 초점을 고정시켜라

결과나 보상보다 일의 어려움에만 집중한다면 쉽게 낙담하게 된다. 어려움에 대해 너무 오랫동안 집착하게 되면, 자기 단련 대신 자기 연민에 빠지게 된다. 이 시간 이후, 꼭 해야 할 일을 만났을 때 대가를 치르며 일하기보다는, 편리하게 적당히 때우려는 생각을 갖게 된다면 초점을 바꾸어야 할 것이다. 옳은 것을 할 때 그것이 가져다주는 이익을 생각해 보라. 그리고 달려들어라.

점검표

작가 잭슨 브라운 주니어는 재치 있는 말을 남겼다.
"단련 없는 재능은 롤러 스케이트를 신긴 문어와 같은 것이다. 분명 많이 움직이겠지만, 그것이 앞으로, 뒤로, 혹은 옆으로 갈지는 아무도 모른다."

자신의 재능을 알고, 또 많은 움직임을 보였지만 구체적인 결과가 거의 없었다면, 분명 자기 단련이 부족한 것이다.

지난 주의 계획을 살펴 보라. 정기적으로 자신을 단련하는 데 얼마나 많은 시간을 할애했는가? 자신을 진정한 프로로 성장시키고 발전시키기 위해 노력을 하였는가? 건강을 지키기 위해 운동을 하였는가? 수입의 일부를 저축하거나 투자하였는가? 만일 이런 일들을 미루고, 다음에 하겠다고 말했다면, 자기 단련을 반드시 해야 할 것이다.

실천 사항

자기를 발전시키고 싶다면, 아래와 같이 행하라.

- 우선되는 사항을 정하라. 자신의 삶에 있어서 가장 중요한 두세 가지 영역이 무엇인지 생각하라. 그것들을 적되, 그 영역에서 성장하고 발전하기 위해 반드시 단련해야 할 것도 함께 적어라. 매일 또는 주 단위로 단련에 관한 계획을 구체적으로 세워라.

- **타당성을 열거하라.** 시간을 내어, 기록한 단련들을 행했을 때 얻을 이익을 기록하라. 그것을 매일 볼 수 있는 장소에 붙여라. 그만두고 싶을 때, 그것을 다시 한번 읽어 보라.

 - **변명을 제거하라.** 자기 단련을 해내지 못하는 모든 이유를 기록하라. 그리고 모두 읽어 보라. 그것들은 변명이므로 모두 물리쳐야 한다. 만일 합당한 이유로 여겨진다면, 그것을 극복할 방법을 찾아라. 어떤 이유든 주위에 남겨선 안된다. 오직 단련할 때만 꿈을 성취할 능력을 얻게 된다는 사실을 항상 기억하라.

캐나다의 한 간호원은 벽에 다음과 같은 문구를 걸어놓았다고 한다.

"한 그루의 나무를 심기에 가장 좋은 때는 25년 전이었다. …다음으로 가장 좋은 때는 바로 오늘이다."

오늘 자기 단련의 그 나무를 심어야 할 것이다.

19

섬김

"머리가 되려거든,
남을 우선으로 하라."

진정한 리더는 섬긴다. 사람들을 섬기며, 사람들이 갖는 최고의 관심을 위해 섬긴다. 그렇게 하는 것은 인기를 얻지 못할 수도 있으며, 깊은 인상을 주지 못할 수도 있다. 하지만, 참된 리더들은 개인의 영예에 대한 욕망보다는 사랑 어린 관심으로 동기 부여가 되어 있기 때문에, 기꺼이 값을 치른다.

자신의 위치보다 자신의 사람들을 사랑해야만 한다.
- 존 맥스웰

"지뢰밭을 통과해서라도 섬긴다."

몇 해 전 육군 대장인 H. 노만 슈발츠코프란 이름이 미국인들 사이에서 친숙한 이름으로 부각되었다. 페르시안 걸프 전쟁 당시 연합군 총 지휘를 맡았던 그는 웨스트 포인트 시절부터 지금껏 언제나 탁월한 리더십을 보여줬다.

〈리더십의 21가지 불변의 법칙〉에서 필자는 그가 베트남 전쟁 당시 수습하기 어려운 대대를 어떻게 바꾸어 놓았는지를 이야기한 바 있다. 6개 대대 중 최악으로 알려졌던 제6연대 제1대대를 한낱 웃음거리에서 가장 효율적인 전력으로, 또 다른 대대보다 더 어려운 작전에 투입되도록 바꾸어 놓은 것이다. 그것은 슈발츠코프가 묘사하기를 '끔찍하고 악이 가득한 곳'이라고 한 바타난 반도에서 행해진 임무였다. 30년 동안 전투가 끊이지 않은 그 지역은 지뢰와 부비 트랩(위장 폭탄)이 널려 있어, 매주 수많은 사상자가 발생하는 곳이었다.

  슈발츠코프는 최악의 상황에서 최선을 행한 리더였다. 그는 사상자를 절대적으로 줄이는 방안을 도입하고는, 지뢰로 부상당한 병사가 생길 때면, 언제나 본인이 직접 헬기를 타고 부상병에게 날아가 구출함으로써, 다른 병사들의 사기를 높였다. 1970년 5월 28일, 한 병사가 지뢰를 밟게 되자, 슈발츠코프는 언제나처럼 헬기를 타고 부상병이 있는 지점으로 날아갔다. 하지만 헬기가 그 부상병을 구하는 동안, 또 다른 병사가 지뢰를 밟아 다리를 심하게 다치게 되었다. 그 병사는 고함치고 울부짖으며 고통스럽게 뒹

굴었다. 바로 이때 모든 사람들은 첫 번째 터진 지뢰가 단순히 하나만 매설되었던 부비트랩이 아니라는 것을 알게 되었다. 그들 모두가 지뢰밭 한 가운데 있었던 것이다.

슈발츠코프는 부상병이 살아날 수 있으며, 또한 그 다리를 보전할 수 있을 것이라고 믿었다. 하지만 그것은 그 부상병이 땅위를 뒹굴지 않는다는 조건을 전제로 한 것이었다. 그가 할 수 있던 일은 오직 하나뿐이었다. 부상병에게 다가가 움직이지 않게 하는 것이었다. 슈발츠코프는 그 순간을 이렇게 회술하고 있다.

나는 지뢰밭을 뚫고 지나가기 시작했다. 한 번에 한 걸음씩 그것도 땅을 주시하며, 혹시 땅 위로 돌출한 것이 없는가 확인하며 천천히 발을 내딛었다. 발을 내딛을 때마다 무릎이 너무나 흔들렸기 때문에 나는 양손으로 내딛는 다리를 붙잡아야 했다.···그 어린 병사에게 다가갈 때까지 마치 천 년은 더 걸린 것 같았다.

240파운드(약 109kg)나 나가는, 미 육군 사관학교 시절 레슬링 선수였던 슈발츠코프는 부상병을 꼼짝 못하게 진정시켰고, 그렇게 함으로써 그의 생명을 구할 수 있었다. 기술팀의 도움으로 그 부상병을 포함한 모두가 지뢰밭을 빠져 나갈 수 있었다.

그날 슈발츠코프가 보여준 행동은 영웅심, 용기, 자만, 바보같은 고집불통으로 묘사될 수 있다. 하지만 필자는 '섬김의 도'라는 표현이 가장 적절한 것이 아닌가 생각한다. 5월 그날, 그가 유능한 리더가 될 수 있었던 것은 바로 고통 속에 있는 병사를 섬기겠다는 자세 때문이었다.

섬김 만들기

섬김을 생각할 때, 혹시 인간 장대 세우기에서 상대적으로 낮은 기술을 요하는 맨 바닥에 있는 사람들을 연상하지는 않는가? 만일 그렇다면, 그것은 잘못된 인식이다. 섬김은 위치나 기술에 대한 것이 아니다. 섬김은 태도를 말하는 것이다. 봉사하는 자리에 있는 사람 중 섬김의 태도가 없는 사람들을 우리들은 만나게 된다. 정부 단체에서 일하는 거만한 직원, 손님의 주문에 별로 신경 쓰지 않는 식당 웨이터, 고객을 외면한 채 친구와 전화 걸기에 바쁜 점원.

섬겨야 할 종사자들이 사람들을 도우려 하지 않을 때 쉽게 감지할 수 있듯이, 리더에게 종의 마음이 있는 지의 여부 또한 쉽게 감별되어진다. 최고의 리더들은 자신이 아닌, 남을 섬기려 한다. 이것이 진리다.

섬김의 자질을 실체화한다는 것은 무슨 뜻인가? 참으로 종 된 리더란….

1. 자신보다 남을 우선으로 한다

섬김의 도가 갖는 첫 번째 표적은 자신과 자신의 개인적인 욕망보다 남을 우선으로 하는 능력이다. 이것은 자신의 사안을 잠시 유보하는 것 이상이다. 의도적으로 사람들의 필요를 알아내고, 그들을 도울 수 있으며, 그들이 원하는 것을 중요하게 받아들일 수 있는 것을 말한다.

2. 섬기려는 확신을 갖는다

섬김의 자세가 갖는 진정한 본질은 안정이다. 자신을 두고 섬기기에는 너무 중요한 사람이라고 생각하는 사람이 있다면, 그 사람은 근본적으로 불안한 사람이다. 우리가 남을 대하는 태도는 바로 울 자신을 스스로 어떻게 여기고 있는가를 그대로 반영하고 있다. 철학자이자 시인인 에릭 호퍼는 이러한 생각에 잡혀 있었다.

주목할 만한 것은 우리가 우리 자신을 사랑하는 것만큼 이웃을 사랑한다는 것이다. 우리는 자신에게 대하는 만큼 남에게 대한다. 그리고 스스로를 용납하는 것만큼 남을 용납하려 하며, 자신을 용서하는 것만큼 남을 용서한다. 우리가 살고 있는 이 세상을 괴롭히는 고통, 그 뿌리에 있는 것은 자아에 대한 사랑이 아니라 자아에 대한 증오이다.

위임의 법칙을 생각해보면, 오직 안정된 리더만이 남에게 힘을 주게 된다. 그리고 오직 안정된 리더만이 섬김의 자세를 보여준다.

3. 솔선하여 섬긴다

사람들 중에는 어쩔 수 없어서 섬기는 사람, 위기에 처했기 때문에 섬기려는 사람이 있다. 하지만, 솔선하여 섬기려는 사람들을 우리는 볼 수 있다. 위대한 리더들은 대가를 바라지 않고 섬긴다.

4. 자리에 연연하지 않는다

종 된 리더는 직급이나 자리에 연연해하지 않는다. 노만 슈발츠코프 대령이 지뢰밭을 한 걸음씩 내딛을 때, 그의 직급을 염두에 두지 않았다. 남을 섬기려는 한 인간이었을 뿐이었다. 그 외 다른 것이 있었다면, 리더라는 사실이 그에게 섬김의 커다란 의무감을 주었다는 것이다.

5. 사랑에서 우러나온 섬김

섬김의 자세는 자시의 이익이나 의도적인 것에서 비롯되지 않는다. 섬김은 사랑을 먹는다. 결국, 우리가 갖는 영향력의 정도는 우리가 남에게 갖는 관심의 깊이에 좌우된다. 리더에게 있어서 기꺼이 섬기려는 자세가 중요한 이유는 바로 이 때문이다.

점검표

 다른 사람을 섬길 때 자신의 마음은 어디에 있는가? 혹 으시대거나 어떤 이익을 위해서 리더가 되려는 것은 아닌 가? 아니면, 남을 도우려는 마음에서 리더가 되려는 것인 가?
 사람들이 진정 따르는 리더가 되고자 한다면, 섬김의 자세를 반드시 매듭지어 놓아야 할 것이다. 자신의 태도가 섬기기보다는 섬김을 받으려 한다면, 난관에 빠지게 될 것이다. 만일 그렇다면, 다음의 충고를 주의 깊게 받아들여야 할 것이다.

 다스리기를 중지하고, 사람들에게 귀를 기울여라.
 발전을 위한 롤 플레이를 중지하고, 남의 유익을 위한 위험을 무릅쓰도록 하라. 자신만의 길을 모색하는 것을 중지하고, 남들을 섬기도록 하라.

 위대하게 될 사람들은 가장 작은 자처럼, 또 모든 이의 종처럼 되어야 한다는 것은 옳은 말이다.

실천 사항

섬김의 자세를 확립하기 위한 방법

- 작은 것부터 실행하라. 최근 남에게 작은 친절을 베푼 적은 언제인가? 자신과 가장 가까이 있는 사람들부터 시작하라. 배우자, 자녀, 부모, 남들에게 관심을 갖고 있다는 자세를 보여 주는 작은 일을 지금부터 찾아봐라.

- 군중 사이를 천천히 통과하는 방법을 배워라. 젊은 리더로서 내가 배운 가장 큰 교훈 중 하나는 아버지로부터 배운 것이다. 나는 그것을 '군중 사이를 천천히 통과하기'라고 부른다. 다음 번 고객이나 동료 또는 종업원들이 많이 모이는 모임에 참석하게 될 경우에는, 그들 사이를 돌고 환담을 나누며 접촉점을 갖도록 하라. 만나는 사람마다 집중하라. 이름을 미처 몰랐다면 기억해 두어라. 각 사람들이 필요로 하는 것과 바라는 것을 알 수 있도록 비망록을 만들어 두어라. 집에 돌아온 후에는 그들 중 대여섯 명에게 도움이 되는 일을 할 수 있도록 기록을 해 놓아라.

- **행동으로 옮겨라.** 섬김의 자세가 자신에게 조금도 보이지 않는다면, 그것을 바꿀 수 있는 가장 좋은 방법은 섬기기를 시작하는 것이다. 먼저 몸으로 섬기기 시작하면, 우리의 마음도 결국은 따라가게 된다. 다니는 교회나 사회단체 또는 자원 단체에서 6개월 동안 남을 돕는 일에 참여하라. 만일 봉사 기간이 끝날 때까지도 태도가 바뀌지 않았다면, 다시 시작하라. 마음이 바뀔 때까지 계속하라.

알버트 슈바이처의 말이다.

"여러분의 운명이 어떻게 될 지 나는 모릅니다. 하지만 한 가지는 알고 있습니다. 여러분 중 참으로 행복하게 될 사람이 있다면, 그는 계속해서 섬기는 법을 찾으려는 사람입니다."

가장 높은 수준의 리더가 되고 싶다면, 가장 낮은 곳에서 기꺼이 섬길 수 있어야만 하는 것이다.

20

배우려는 자세

"계속 이끌기 위해서는
계속 배워야 한다."

말하는 것보다 듣고 책 읽는 것에 10배 정도 가치를 부여하라.
계속해서 배우고 발전하는 과정에 있다는 확신을 갖게 될 것이다.
- 제럴드 맥기니스, Resporonics, Inc 회장

배우려는 자세란 모든 중요한 것을 안 뒤에 배우는 것이다.
- 쟌 우든, 농구 명예의 전당 가입자

진정한 성공이란…

지팡이와 큰 주머니가 달린 헐렁한 바지, 항공모함 같이 커다란, 하지만 다 낡아빠진 신발과 중산모, 그리고 가늘고 기다란 콧수염. 이런 모습을 한 남자를 본다면, 그가 챨리 채플린이라는 것은 쉽사리 알 수 있을 것이다. 바로 그

의 모습이기 때문이다. 1910년대와 20년대 그는 지구상에서 가장 유명한 사람이었다. 오늘날 유명인사들을 살펴볼 때, 채플린처럼 자기 분야에서 유명한 사람이 있다면 아마도 마이클 조단일 것이다. 누가 더 대단한 스타인가를 가늠해 보려면, 앞으로 75년을 기다린 다음, 모든 사람들이 마이클 조단을 얼마나 잘 기억하고 있는가를 확인해 보면 될 것이다.

채플린이 태어났을 때, 그의 엄청난 명성을 예측한 사람은 아무도 없었다. 영국 뮤직홀 연주가 부부의 아들로, 가난 속에 자라난 그는 어머니가 병원에 수용되었던 어린 시절부터 거리를 배회하게 되었다. 고아원과 취업장에서 몇 년을 보낸 뒤, 그는 무대에서 일하기 시작하였다.

17살에 이미 베테랑 연기자가 된 그는 1914년, 20대 중반이 되자 주급 150달러를 받고 헐리웃의 키스톤 스튜디오의 맥 세넷사(社)에서 일하게 되었다. 영화계에 입문한 첫 해, 그는 35편의 영화에 참여하여 연기자, 작가, 그리고 감독으로 활동을 하였다. 얼마 있지 않아 모든 사람들이 그의 재능을 인정하게 되었고, 그의 인기도 높아져갔다. 1년 뒤, 그는 주당 1,250달러를 벌게 되었으며, 1918년에 들어서는 지금껏 들어본 적이 없는 일을 해내고 만다. 엔터테인먼트계(界)에서 첫 100만 달러 계약을 맺은 것이다. 29살이라는 나이에 그는 부자가 되었고, 유명해졌으며, 전 세계에서 가장 강력한 영화 제작자가 된 것이다.

채플린이 성공한 것은 그의 엄청난 재능과 놀라운 추진력 때문이었다. 그러나 그러한 장점도 배우려는 자세가 있었기에 가능한 것이었다. 그는 계속해서 성장하고, 배우고, 또 자신의 재능을 완벽하게 하기 위해서 투쟁하듯이 노력하였다. 가장 인기 있고 최고의 출연료를 받는 연기자가 되었을 때도 결코 현 상황에 만족하지 않았다.

채플린은 한 인터뷰에서 언제나 발전하려는 자신의 열망을 이렇게 설명하였다.

관객들에게 방영되는 나의 영화를 볼 때면, 나는 언제나 관객들이 웃지 않는 부분에 초점을 둡니다. 예를 들어, 내 딴에 웃기려고 했던 연기에 몇몇 관객들이 웃지 않는다면, 나는 즉시 그 장면을 갈기갈기 찢은 뒤, 아이디어나 또는 연기에 있어서 무엇이 문제인 지 찾아봅니다. 반대로, 우스울 것이라고 기대하지 않은 부분에서 약간의 웃음소리를 듣게 되면 왜 이

부분에서 사람들이 웃었는지 묻습니다.

이러한 열망은 그를 경제적으로 성공하게 하였을 뿐 아니라, 그가 하는 모든 일을 최고의 경지에 올려놓았다. 그가 영화에 등장하기 시작한 초엽, 채플린의 작품은 경이로운 연예 오락물로 환호를 받았다. 시간이 지나가면서, 그는 코믹의 천재로 알려지기 시작하였다. 오늘날도 많은 영화가 걸작으로 여겨지고 있으며, 사람들은 그를 언제나 가장 위대한 영화 제작자 중 한 명으로 인정하고 있다. 영화 대본가이자 비평가인 제임스 애기는 이렇게 기술하고 있다.

"최고 품격의 판토마임, 가장 깊은 곳까지 파고드는 감성, 가장 풍성하면서도 가장 독설적인 시, 채플린의 작품에는 이러한 것들이 담겨있다."

채플린이 만일 성공을 거두었을 때, 거만한 마음으로 스스로 만족하여 계속해서 배우기에 힘쓰지 않았다면, 아마 무성 영화의 스타인 포드 스터링이나 벤 터핀과 함께 어깨를 나란히 한 채 사람들로부터 잊혀졌을 것이다. 그러나 채플린은 계속해서 성장하였다. 배우로, 감독으로, 그리고 종국에는 영화 제작자로서 끊임없이 배워나갔다. 영화 제작자들이 스튜디오와 배급자들에게 꼼짝하지 못한다는 것을 오랜 경험을 통해 알게 되자, 더글라스 페어뱅스, 매리 픽포드, 그리고 D.W. 그리피쓰와 함께 유나이티드 아티스츠(United Artists)라는 자신의 조직을 발족하였으며, 그 회사는 지금도 계속해서 운영되고 있다.

배우려는 자세 만들기

리더들은 현 상태에 만족하려는 위험에 직면하게 된다. 결국 어떤 리더가 영향력을 지니게 되고, 어느 수준 이상의 존경을 받게 되었다면, 굳이 계속해서 성장해야 할 필요가 있냐는 것이다. 대답은 다음과 같이 간단하다.

- 자신의 성장은 자신이 누구인지 결정한다.
- 자신이 누구인지는 자신의 주위에 몰려드는 사람들을 결정한다.
- 자신의 주위에 몰려드는 사람들은 자신이 이끄는 조직의 성공을 결정한다.

조직을 성장시키고 싶다면, 계속해서 배우려는 자세를 견지해야만 할 것이다.

다음은 배우려는 자세를 견지할 수 있는 다섯 가지 지침이다.

1. 운명 병(病)을 치료한다

얄궂게도, 배우려는 자세의 결핍은 그 뿌리를 종종 성취에 두고 있다. 어떤 사람들은 특정한 목표를 달성하고 나면, 더 이상 성장할 필요가 없다고 여기는 잘못된 신조를 갖고 있다.

이러한 생각은 어떤 경우에서도 나타날 수 있다. 학위를 취득하거나, 원하는 자리에 오르거나, 특별한 상을 받거나, 또는 재정적인 목표를 달성했을 때 언제든 나타날 수 있는 현상이다.

하지만, 유능한 리더는 그런 식으로 생각하는 것을 용납하지 않는다. 그들에게 있어서 성장을 멈추는 날은, 바로 자신의 잠재력과 조직의 잠재력을 상실하는 날이기 때문이다. 래이 크록의 말을 기억하라.

"초록빛을 띠고 있는 한, 우리는 계속해서 성장한다. 하지만 어느 순간 여물어지고 나면, 곧 썩기 시작한다."

2. 자신의 성공을 뛰어넘는다

배우려는 자세의 또 다른 아이러니는 성공이 종종 방해물이 된다는 것이다. 유능한 리더란 현재 자신을 이곳까지 오게 한 것이 자신을 계속해서 이곳에 머물게 하지 않는다는 것을 알고 있는 사람이다. 과거로부터 계속 성공해 왔다면 경계를 늦추지 말아야 할 것이다. 이 말을 깊이 생각해 보라. "만일 어제 한 일이 계속해서 커 보인다면, 오늘 많은 일을 하지 않았기 때문이다.'

3. 손쉬운 방법을 끊는다

필자의 친구인 낸시 도난은 이런 말을 한 적이 있다.
"두 지점 사이의 가장 긴 거리는 지름길이다."
참으로 맞는 말이다. 인생에 있어서 가치 있는 모든 것은 제 값을 치러야만 한다. 특정한 분야에서 성장하기를 원한다면 정말로 요구되는 것이 무엇인지 파악해야 한다. 값을 알아보고, 그것을 치를 결심을 해야만 한다.

4. 자만심을 버린다

배우려는 자세는 우리가 모든 것을 알지 못한다는 것과, 그리고 그것이 우리의 모습을 아름답지 못하게 한다는 것을 인정하도록 요구한다. 누구나 계속해서 배우려 한다면, 실수를 계속해서 저지를 수 밖에 없는 일이다. 작가이자 숙련된 예술가인 앨버트 허바드는 이같이 말했다.

"일평생 사람이 할 수 있는 가장 큰 실수는, 언젠가는 큰 실수를 하고 말 것이라고 계속해서 두려워하는 것이다."

자신만만하면서 동시에 남에게 배울 수 있는 사람은 없다.

"당신이 얻는 모든 것 때문에 당신은 무엇인가를 잃게 된다."

에머슨의 말이다. 성장을 원한다면, 자만심을 버려라.

5. 똑같은 실수로 두 번 값을 치르지 않는다

테디 루즈벨트는 이렇게 역설하였다.

"실수하지 않는 자는 진보할 수 없다."

참으로 맞는 말이다. 하지만, 똑같은 실수를 되풀이하는 리더 또한 진보할 수 없다. 배우려 한다면, 누구나 실수를 하기 마련이다.

실수는 잊되, 실수가 가르쳐 준 것을 언제나 기억하라. 그렇지 않으면, 다시 한번 똑같은 실수로 값을 치르게 될 것이다.

점검표

어린 시절 오하이오주(州) 농촌에서 자란 나는 사료 가게의 간판을 본 적이 있었다. '수확하는 곡식이 마음에 들지 않는다면, 뿌린 씨앗을 점검해 보십시오'. 비록 씨앗 광고에 불과한 간판이었지만, 그 내용은 놀라운 원칙을 담고 있었다.

당신은 어떠한 곡식을 수확하고 있는가? 삶이 매일, 매달, 매년 더 나아지고 있는가? 아니면 단지 현재의 자리를 지키기 위해 끊임없이 싸우고 있는가? 지금 이 시간 자신이 있기를 바랐던 곳에 있지 못하다면, 그 문제는 배우려는 자세의 결핍 때문일 것이다. 최근에 무엇인가 새롭게 시도한 적이 있는가? 최근 익숙하지 않는 일에 뛰어들어 자신을 상처받기 쉽도록 노출시킨 적은 언제였는가? 앞으로 성장과 배움에 대한 태도를 주지하여 자신이 어디에 위치하고 있는 지 확인하라.

실천 사항

- 실수에 대한 반응을 체크하라. 실수를 인정하는가? 실수가 인정될 때 사과하는가? 아니면 변명하는가? 자신을 살펴 보라. 그리고 믿을 수 있는 친구의 견해를 들어라. 만일 당신이 실수에 대해 민감한 반응을 하거나, 한번도 실수하지 않았다고 한다면 정말로 배우려는 자세가 필요하다.

- 새로운 것을 시도하라. 오늘 하루 일상적인 삶에서 벗어나, 정신적으로 감정적으로 그리고 육체적으로 자신을 스트레치할 수 있는 다른 것을 해 보라. 도전은 우리를 더 좋게 바꾸어 놓는다.

진정 성장하기를 원한다면, 도전을 생활의 일부로 삼아라.

- 자신의 강점을 파악하라. 자신의 전문 분야나 리더십에 관한 서적을 일년에 6권에서 12권을 읽어라.

이미 전문가가 된 분야를 계속해서 배우는 것은 빛이 바래고 가르칠 수 없는 고집불통이 되는 것을 면하게 한다.

세 번째 세계 챔피언십을 쟁취하고 난 뒤 황소타기왕(王) 터프 헤드맨은 큰 축하 행사를 하지 않았다. 오히려 그는 다음 시즌을 시작하기 위해 덴버로 옮겨갔다. 그리고 모든 과정을 다시 시작하였다. 그의 말이다.

"지난 주에 내가 어떤 일을 했건, 황소는 조금도 신경 쓰지 않습니다."

아직 테스트를 받지 않은 루키건 성공한 베테랑이건, 내일 챔피언이 되기 위해서는 오늘 배우는 자세를 견지해야만 한다.

21

비전
"오직 볼 수 있는 것만을 잡을 수 있다."

자신의 비전을 성취하는 위대한 리더의 용기란
위치가 아닌 열정에서 오는 것이다.
- 존 맥스웰

미래는 그것이 뚜렷해지기 전, 그 가능성을
미리 보는 자에게 속하는 것이다.
- 쟌 스컬리, 펩시 콜라와 애플 컴퓨터 전(前) CEO

목마는 모두 달려야 하며, 페인트가 벗겨진 부분은 없어야 한다.

20세기 최고의 드리머(dreamer) 중 한 사람은 바로 월트 디즈니다.
첫 음성 만화, 첫 번째 총 천연색 만화, 그리고 처음으로 만들어진 만화 영화. 이러한 것을 만든 사람은 분명 비전에 사로잡힌 사람이 아닐 수 없다. 하지만, 디즈니의 비전이 만들어낸 최고의 걸작품은 다름 아닌, 디즈니랜드와 디즈니월드이다. 이러한 비전을 이루게 한 계기는 전혀 예상치 않은 곳에서 시작되었다.

두 딸이 어렸을 적, 월트는 토요일 아침이면 로스엔젤리스에 있는 놀이 동산에 데려가곤 하였다. 두 딸은 물론 월트 역시 그곳을 몹시 좋아하였다. 놀이 동산은 아주 놀라운 분위기를 연출한 아이들의 천국이었다. 팝콘 냄새에 솜사탕, 각종 놀이 기구를 선전하는 여러 색상의 간판들, 그리고 롤러 코스터가 꼭대기에서 질주하듯 내려올 때 들려오는 아이들의 비명 소리.

월트는 특히 흥겨운 잔치(carousal)라는 놀이 기구에 빠져 있었다. 한번은 그가 가까이 다가갔을 때, 활기찬 캘리오프 음악에 맞추어 달리는 밝은 물체들 사이에 희미한 부분을 발견하게 되었다. 그가 더 가까이 갔을 때 놀이 기구는 멈췄고, 자신의 눈이 속고 있었다는 것을 알게 되었다. 그는 페인트가 벗겨지고 금이 간 낡은 목마들을 보게 되었다.

그리고 오직 바깥쪽에 있는 목마만이 오르락내리락 한다는 것을 알게 되었다. 다른 말들은 생명력 없이 마루에 고정되어 움직이지 않았다. 만화가의 실망은 위대한 비전을 그에게 심어 주었다. 그의 마음의 눈은 환상이 사라져 버리지 않는 놀이 동산을 보고 있었다. 그곳은 순회 서커스나 지방을 다니는 카니발들이 남기는 언짢은 부분을 제거시킨, 어른과 아이들이 진정 축제 분위기를 만끽할 수 있는 곳이었다.

그의 꿈은 디즈니랜드가 되었다. 래리 테일러가 '오렌지가 되어라'에서 말했듯이, 월트의 비전은 이렇게 요약될 수 있을 것이다.

'목마는 모두 달려야하며, 페인트가 벗겨진 부분은 없어야 한다.'

비전 만들기

비전은 리더에게 있어서 모든 것이다. 정말로 없어서는 안되는 것이다. 왜일까? 왜냐하면, 비전이 리더를 이끌기 때문이다. 비전은 과녁의 색깔을 정한다. 불꽃을 튀기며 내부의 불에 연료를 공급하고 그것을 앞으로 끌어낸다. 또한 비전은 리더를 따르는 자들에게 길을 밝히는 불과 같은 것이다. 비전 없는 리더를 소개한다면, 필자는 어느 곳도 갈 수 없는 사람을 소개하리라. 그는 기껏해야 정해진 테두리 안을 맴돌 뿐이다.

비전을 갖고, 훌륭한 리더로서의 삶을 살고 싶다면 다음을 명심해야 할 것이다.

1. 비전은 안에서 시작한다

강의를 할 때면, 이따금 나를 찾아와 자신의 조직을 위한 비전을 말해 달라고 하는 경우가 있다. 하지만 나는 말해줄 수가 없다. 누구도 비전을 사거나, 구걸하거나 빌릴 수 없기 때문이다. 비전은 안에서부터 나오는 것이다.

디즈니에게 있어서 비전은 결코 문제가 아니었다. 창의성과 최고가 되려는 열망 때문에 그는 항상 가능한 것을 보고 있었다.

비전이 없다면, 자신을 성찰하라. 타고난 재능과 소망을 그려 보라. 그리고, 있다면 자신의 소명을 살펴 보라. 자신의 비전을 찾을 수 없다면, 자신에게 영향을 주는 비전을 가진 리더의 사역에 동참할 것을 고려해 보고, 그의 파트너가 되라. 바로 월트 디즈니의 형제 로이가 한 일이다. 그는 일을 벌이는 훌륭한 비즈니스맨이자 리더였다. 하지만 월트는 비전을 공급하는 자였다. 그들은 함께 놀라운 팀을 만들었다.

2. 비전은 우리의 역사를 그린다

비전은 어떤 사람들이 믿고 있는 것처럼, 진공 상태에서 나오는 어떤 신비로운 것이 아니다. 리더의 과거와 리더 주위에 있는 사람들의 역사에서 성장한다. 디즈니의 경우가 바로 그러하다. 하지만 이것은 모든 리더가 갖는 공통점이기도 하다. 어느 리더라도 함께 대화를 나눠본다면, 그의 비전이 만들어진 과거의 중요한 사건을 듣게 될 것이다.

3. 비전은 남의 필요를 채우는 것이다

진정한 비전은 저 멀리까지 미친다. 그것은 한 개인이 성취할 수 있는 것 이상을 뛰어 넘는다. 만일 이 진정한 가치를 갖게 된다면, 단지 다른 사람들을 품는 것 이상의 역할을 하게 된다. 그들에게 가치를 부여하는 것이다. 현재의 비전이 남들을 섬기는 비전이 아니라면, 아마도 손톱만큼이나 작은 비전일 것이다.

4. 비전은 자원을 모으는 데 도움을 준다

비전이 가져다주는 혜택 중 가장 가치 있는 것은 자석처럼 행동한다는 것이다. 사람들을 유인하고, 도전을 주며, 하나로 뭉치게 한다. 재정은 물론 다른 자원 또한 긁어모은다. 비전이 크면 클수록, 더 많은 사람들을 끌어당기는 잠재력을 갖게 된다. 비전에 도전이 많으면 많을 수록, 그것을 성취하기 위해 함께 한 자들은 더 열심히 싸움을 하게 된다. 폴라로이드 창업자인 에드윈 랜드의 조언이다.

"당신이 해야 할 첫 번째 일은 사람들에게 비전이 매우 중요하면서도 거의 불가능한 것이라고 느끼도록 가르치는 것이다. 이때, 비전은 성취하려는 자들에게서 강한 힘을 끌어낸다."

점검표

비전은 어디서 오는 것일까? 리더십에 없어서는 안될 비전을 찾기 위해서는, 먼저 남의 말을 들을 줄 아는 자가 되어야 한다. 몇 가지 소리에 귀를 기울여야 할 것이다.

내적 음성

이미 말했듯이 비전은 안에서 시작된다. 자기 일생의 비전이 무엇인지 알고 있는가? 자신의 마음을 휘젓는 것이 있다면 무엇인가? 무엇에 대해 꿈꾸고 있는가? 만일 평생을 두고 추구하는 것이 안에서 우러나온 소망이 아니라면, 즉 자신이 누구이며, 그 믿고 있는 바의 아주 깊은 곳에서 나온 것이 아니라면, 그 비전을 성취할 수 없을 것이다.

유쾌하지 않은 음성

위대한 생각을 주는 영감은 어디서 오는 것일까? 되지 않는 것(what doesn't work)을 주시하는 데서 비롯된다.

현재 상황에 대한 불만족은 비전 창출에 있어서 가장 중요한 촉매이다. 현재의 순항에 만족하고 있는가? 아니면 자신의 세계를 바꾸고 싶어 견디지 못하고 있는가? 역사상 위대한 리더 중 변화를 막으려 한 사람은 한 명도 없다.

성공을 주는 음성

위대한 일을 혼자서 해내는 사람은 아무도 없다. 큰 비전을 성취하기 위해서는 훌륭한 팀이 필요하다. 뿐만 아니라 리더십의 여정을 자신보다 먼저 시작한 사람으로부터 조언을 구해야 할 것이다. 남들을 위대함으로 이끌고 싶다면, 정신적 스승(mentor)을 찾아라.

높은 곳으로부터의 음성

자신의 비전이 안에서부터 나오는 것이 사실이라 하더라도, 유한한 자신의 능력으로 그 비전을 한정지어서는 안 될 것이다. 진정 가치 있는 비전은 반드시 그 안에 하나님을 모시고 있다. 오직 하나님만이 우리 모든 능력의 한계를 알고 계신다.

지금껏 비전을 찾았을 때, 자신을 뛰어넘어, 또 모든 삶을 뛰어넘어 바라보았는가? 그렇지 않았다면, 지금 이 순간도 자신의 갖고 있는 진정한 잠재력과 삶의 최고를 놓치고 있는지 모른다.

실천 사항

비전 업그레이드

- 자신을 평가하라. 이전에 자신이 생각하고 말했던 비전이 있다면, 그것을 얼마나 이루었는지 평가해 볼 배우자나 친한 친구, 또는 중요한 직장 동료에게 그들이 생각하는 나의 비전이 무엇인지를 물어 보라. 그들이 정확히 말해 준다면 당신은 그 비전 속에 살고 있다고 할 수 있다.

- 평가를 기록하라. 비전을 갖고 있지만 기록하지 않았다면, 오늘 시간을 내어 기록하도록 하라. 자신의 생각을 분명하게 적어라. 그리고, 그것이 자신이 바라는 최고의

삶에 가치 있는 것인지 평가해 보라. 자신의 모든 역량을 가지고 그것을 추구하라.

- **깊이 체크하라.** 비전에 대해 많이 생각하지 못했다면, 몇 주 몇 달을 들여서라도 비전에 대해 생각해 보라. 정말로 자신의 깊은 속까지 영향을 주는 것을 생각해 보라.

나를 울리는 것은 무엇인가
나에게 꿈을 주는 것은 무엇인가
나에게 에너지를 주는 것은 무엇인가

자신의 주변에서 변화를 주고 싶은 것이 무엇인지 생각하라. 변화될 수 있는데도 변하지 않는 것은 무엇인가? 아이디어가 분명해지기 시작하면, 그것을 적고 그것에 대해 스승과 대화하라.

1923년부터 1955년까지 로버트 우드러프는 코카콜라의 회

장으로 있었다. 그 기간 동안, 그가 바라던 것은 비용이 얼마가 들던, 전 세계에 나가 있는 미국의 모든 봉사자들(군인을 포함한)이 5센트에 코카콜라를 마시는 것이었다. 얼마나 대단한 목표인가! 하지만 그것은 그가 마음의 눈으로 보고 있던 더 큰 그림에 비하면 아무 것도 아니었다.

그는 자신의 생애 동안 세상 모든 사람들에게 코카콜라를 마셔보게 하고 싶어했다.

자신의 마음과 영혼 깊은 곳을 바라보라. 무엇이 보이는가?

『탁월한 리더의 성공원칙 21』은
2000년에 발행된 『파워 리더십』의 개정판입니다.

탁월한 리더의 성공원칙 *21*

2000년 10월 1일 초판 1쇄 발행
2003년 5월 1일 초판 15쇄 발행
2009년 9월 15일 개정 6쇄 발행

지은이 | 존 맥스웰
옮긴이 | 전형철
펴낸이 | 윤순식
펴낸곳 | 도서출판 청우
주문처 | 열린유통

등록번호 | 제 8-63호
주소 | 경기도 고양시 일산구 장항동 573-28
           Tel. 031-906-0011 Fax 031-905-0288

cwpub@hanmail.net

마케팅 | 이성현, 백건택

이 책은 저작권법에 의해 보호를 받는 저작물이므로 무단전재 및 복제를 금합니다.
잘못 만들어진 책은 구입하신 서점에서 바꾸어 드립니다.

ISBN 89-85580-44-2   03320

값 8,500원

언제나 수고를 아끼지 않고
나의 책들을 이처럼 훌륭하게 만들어 준 토마스 넬슨 사의
모든 직원들에게 감사 드립니다.
또한 INJOY 그룹의 스텝들에게 감사드립니다.
행정 업무를 도운 린다 에거즈. 리서치를 도운 브렌드 콜,
책을 꼼꼼히 보아준 스테파니 웨첼.
이들은 모두 본래의 나보다 더 좋은 나를 가능케 한 분들입니다.
그리고, 특히 나의 작가인 챨리 웨첼에게 감사 드립니다.
그의 일을 통해 나는 많은 영향을 받았으며,
그는 나에게 충분한 시간을 배려해 주었습니다.

모든 리더들이 알아야 할
리더십 101

잠재된 리더십을 발휘하라

베스트셀러 작가 존 맥스웰이 쓴, 이 압축된 가이드북『리더십 101』이 주는 메시지는 어떠한 사람이든지 다른 사람을 이끌 수 있다는 것이다.

뛰어난 리더인 맥스웰은 당신이 이미 갖고 있는 리더십을 확장시키기 위한 간결하고 영감있는 구조를 제공하고 있는데 이 책은 맥스웰의 역작인 최신 시리즈 네권중 첫번째 저서이다.

존 맥스웰 지음/채천석 옮김/46양장/160쪽/값 6,800원

리더십의 21가지 불변의 법칙
The 21 irrefutable laws of leadership

본서가 당신이 소장하고 있는 리더십에 관한 첫 번째 책이든 50번째 책이든 간에 당신은 아마 이 책을 사랑하게 될 것이다. 왜냐하면 삶을 변화시키는 원리와 절차들을 담고 있는 본서는 당신 자신과 가정과 사업에서 곧바로 적용할 수 있는 것이기 때문이다.

본서는 쉽게 읽을 수 있으면서도, 깊은 내용이 들어 있다. 그리고 본서는 희망, 방향, 용기, 그리고 구체적인 절차 등을 담고 있다.

또한 당신의 리더십 역할을 충실히 감당하는 데 필요한 방법들, 즉, 리더로서 사람을 세우고 격려하는 법, 자신의 약점을 보완하고 발전시키는 법, 문제를 해결해 나가는 방법 등 21가지 불변의 법칙을 구체적이고 정밀한 원리에 근거하여 제공하고 있다.

존 맥스웰 지음/채천석옮김/신국판/값 9,000원